依頼が絶えない
コンサルタントになる
ターゲティング出版戦略

五藤万晶 著
Kazuaki Goto

エベレスト出版

依頼が絶えないコンサルタントになるターゲティング出版戦略

五藤万晶　著

まえがき

本書は、コンサルタントの方々のために「本を使って自分のビジネスを成功させていく方法」を解き明かした実務の書です。

最大の特徴は、どうやって「仕事の依頼につながる本を出すか」について書いている点です。20年以上にわたり経営者向けの専門書を企画・編集、そして直接販売してきた実践ノウハウ…などを基に、コンサルタントとして、「本というものを、どう活用していけばいいのか」、その実務と戦略に絞って解説しました。

これらの内容は、悩める「本物を目指す方々」にとって、確かな羅針盤となるでしょう。出版を通じて、世に多くの本物のコンサルタントを送り出す仕事を、実務として手がけてきたからこそ書ける、最重要の戦略を記したからです。

ですから、本書の内容を熟知して、このノウハウを振り回せるようになれば、さながら快刀乱麻のごとく、ご自分が描くコンサルタントビジネスの未来を、想い通りに切り開いていくことができるようになると太鼓判を押します。

実際、多くの関わった方々が、世に大いに羽ばたいて活躍されています。そういう意味では、実証済みの戦略指南書ということです。

一方で本書は、諸刃の剣、もっと言えば「極めて毒をもった書」と先に申し上げておきます。出版に対して夢見心地で、単に憧れで考えていた人たちには、「恐ろしい現実」をつきつけるかもしれません。

なぜなら、著者にまつわる出版関係者の構図を、赤裸々に示したことで、自分の立場というものに、否が応にも気付かされるからです。出版関係者にとっても面白くない事実を記しています。都合の悪い現実は伏せておきたい人からすれば、批判や拒否反応が出ても不思議ではありません。

それでも、この本をきっかけに、大いなる夢の実現に一歩踏み出して頂ければと願い、あえて毒になることも隠さずに記しました。一人でも多く、本物のコンサルタントが世に登場することを願うからです。

私は現在、出版におけるプロデューサー的経験を元に、コンサルタント業専門のアドバイザリー機関を設立し、数多くのコンサルタントの方々と関わっています。これまで300人以上を直接指導し、年収3千万円はおろか、5千万円や中には1億円を越えるスペシャリストも輩出してきました。

そうした経験から言えることは、やはり「コンサルタント業飛躍のカギは出版」ということです。仕事を大いに増やし、ビジネスのステージを引き上げてくれる本は、実にありがたい存在です。夢を実現させてくれる魔法の道具とさえ言えるでしょう。

しかし、一方で注意も必要です。

「10万部以上売れているのに、全然仕事につながらない」
「全部出し切ってと言われて頑張ったが、それきりお払い箱に」
「経営コンサルタントなのに、社員向けの研修の話しか来ない」……

ほんの一例ですが、いませんか？　近くに似たようなケースで困っている人。こうした話を伺うたび、いつも驚かされるのは「出版に対する勘違い」です。

あまりにも多くの方々が、「仕事につながる出版＝ターゲティング出版」を理解していないのみならず、他の「似て非なる職業」である、士業の先生や講演・セミナー講師、ビジネスタレント…の人たちの本の出し方を、そのまま真似て痛い目にあっているのです。

その典型例は「有名になれば仕事が増える」というもの。

世の中そんな単純ではありません。

断じて言いますが、コンサルタントが出版でやるべきは「依頼につながるターゲティング出版戦略」を熟知し、それを遂行することです。成功する方程式が違うのです。

詳しくは本書の中で記していますが、「なぜ、他の先生と同じように本を出してもダメなのか」、「仕事につながる本を出す手順と戦略」、「絶対にやってはいけない出版方法」…など、コンサルタント業の人が、必ず押さえておくべきポイントがあります。言ってしまえば、これを踏まえ無い限り、あなたの夢は実現しないという急所的ポイントです。

なお本書は、あくまでもコンサルタントのために記した書ですが、成功法則を明確にしたことで、出版方法の違いがはっきりし、他の先生業の方にもご参考にしていただける点が多くなったと自負しています。

いずれにしろ、多くの方々のまっとうな出版によって、日本の中小企業が成長発展し、経営者の笑顔が増え、関わる取引先、顧客の喜びも増える…。

本書により、そうした善循環が少しでも加速することを念じてやみません。

令和2年7月吉日

株式会社ドラゴンコンサルティング
代表取締役　五藤 万晶

目次

第1章

コンサルタントが押さえるべき出版戦略、基本の基本

1、コンサルタントがやるべき出版の本質

売れる本が本当に良いのか？

本書は、ビジネス書の出し方、中でも「コンサルタント」のための出版戦略について、その具体的な実務について解説する専門の本です。平ったく言えば、「自分も本を出して、売れるコンサルタントになって活躍したい！」と願う方々のために、その手順や考え方、戦略などについて書きおろした本ということです。

当社は「コンサルタント業」専門のアドバイス機関という、ちょっと変わった仕事をしています。分かりやすく言えば、コンサルタントのコンサルタント、という仕事です。よく、そんな変な仕事があるの？と言われますが、ざっくり言えば、知識や経験、技術やノウハウ…といったものを、「コンサルティング商売としてしっかり成立するようにするお手伝い」をしています。

「本物の一流コンサルタント業」を実現していただくことを念頭に、年収3千万円をこの商売の入口としてご指導しているのですが、これまで３００人以上の方々と直接関わ

り、しっかり稼いで活躍できるコンサルタント業のやり方を指導してきました。お陰様で5千万円はおろか、中には1億円を超えて大活躍をされている方も出ています。

実は、コンサルタント商売において、簡単そうで難しいのが、「**知識をお金に換える**」部分だったりします。いわゆる、「色々詳しく説明しても、〝ありがとう、参考になったよ。ここの食事代はご馳走するね〟などと言われて商売になかなかならない」…と悩んでいる人が、非常に多いのです。

それでいて「無料でやっていても実績がつけば、そのうちクライアントがつく」と、せっせとご奉仕で頑張ろうとします。いつか花が咲く…と願ってのことだと思いますが、残念ながら「お金に換える方法」を知らなかったり下手だったりすると「単なる物知りな人」で終わりかねません。**「知識やノウハウを教える」ことと、「商売が繁盛する」こととはまるで違う**からです。

詳しくは後述しますが、料理で言えば、どれだけ上手で詳しくても、「繁盛店をつくれるかどうか」は別の話です。「自慢の料理を食べてみて！」と勢い勇んで店を出しても、いつしか閉店の憂き目にあってしまうのは、「味＝繁盛」と勘違いしている人が、いかに多いか…ということです。

繁盛店をつくるのに必要なことは「お店を繁盛させる知識とノウハウ」です。そしてこれを実際に行っていかなければ、夢はいつまでたっても実現することはありません。
コンサルタント商売でも、このことはまったく同じです。ですから、

「経営者相手の指導を夢見ていたのに、社員研修の仕事ばかり受けていて…」、
「目立つ格好をすれば仕事が取れると言われても、契約につながらない」、
「これからコンサルタントを始めようにも、何からすればいいのか分からない」、
「会社訪問しても、よく考えてみれば作業代行ばかりで疑問を感じている」
「コンサルタントと言っても、公的機関への手続きばかり…」

といった「何か違う…」と気づかれた方々のために、「まっとうなコンサルティング商売」を実現していただくための専門的なアドバイスを当社では行っています。

さて、前置きはこれくらいにして、ひとつ質問です。
よく、「本は売れなければダメだ！」とか、「売れる本は良い本」といった話があります。お聞きになられたことはありませんか？ 本を出したことがある人や、出版関係の人と話をしてみると、一度や二度は聞いたことがあるフレーズだと思います。

他にも、「本が売れれば、有名になって仕事がくるようになる」、「○○さんの本は、○万部売れたから凄い！」、「部数は力、売れた者が勝つ」…といった力強い？言葉も耳にされたことがあるかもしれません。そこでの質問です。

「良い本とは、どんな本だと考えますか？」――

実に単純な質問です。

本書は、これから本をだそうと考えている方、また、二冊目、三冊目の本を書くにあたって、参考にしようとお考えの方が手に取られていると思います。少なくとも、「自分の本を出すことに興味と関心が強くある人」ということだけは間違いないと思います。だからこその質問です。

職業柄、出版に関するご相談も多いため、お越しになられた人にも、同様の質問は必ずといっていいほどするのですが、先程の「よく耳にする言葉」のように、「たくさん売れる本でしょう」と答える人はとても多いです。

確かに、たくさん売れれば、それだけ読んでくれる人が増える訳ですから、知名度も上がるし、ベストセラーにでもなれば色々なところから引っ張りだこ？になるかもしれません。ちょっと想像するだけでも、夢や希望が膨らんできそうです。

一方で、「良い本とは、内容が良い本」とお答えになる方も多いでしょう。内容が良いという言葉も様々に分かれますが、ざっと言えば「内容が充実している」、「情報が詰まっている」、「読んでタメになる」…といったところでしょうか。

読んで良い内容だからこそ「良い本」という当たり前を前提にすれば、これはある意味当然の考え方と言えるでしょう。

実は、この「良い本」に関する考え方の論争？は、出版業界においては大昔からずっと、されてきた経緯があります。

まさに「売れる本が良い本」ＶＳ「内容が良いのが良い本」が、その象徴です。ですから「ベストセラーは良い本なのか？」という議論は、必ずと言っていいほど、時代ごとに良く売れた本とセットで議論になってきました。それだけ、「一筋縄でいかない設問」とも言えるでしょう。

なにせ関連してくる人も、出版社に著者に、取次（出版業界の問屋のこと）に、書店に、編集者に、出版プロデューサーに広告代理店に…と多岐に渡ります。そして各々に「良い本とは…」の主張があります。皆、それぞれに立場があるし、思惑も違うでしょう。

さて、あなたはどう思われますか？

本は何のために出すのか？

実はこの論争、そもそも、「売上か内容か」で議論しているのですから、答えは「決めきれなくて当然」なのです。要は立場によって考え方が変わる訳です。

ですから、「どっちも必要で両方満たせば良い」といった意見も必ずでてきます。ことの是非はともかく、なぜこのような面倒くさい設問を最初に投げかけたかと言えば、

良い本という考え方に相違があれば、編集方針や執筆内容、書籍のタイトル、さらには思い描いていた結果…などにも、当然食い違いが生じる

からです。違うことを考えているのですから当然とも言えます。

もっと言えば、「良い本」という、この極めて抽象的な言葉こそがクセ者であり、魔力さえあるのです。誰だって良い本を出したいと思うはずですし、好き好んで「悪い本」を出そうと考える人など、まずいないでしょう。

このため、周囲の関係者から「売れる本をだしましょう」、「良い本をだしましょう」などと言われると、具体的にどういう本を出すかはそっちのけで、「はい、がんばります！」と反射的に答えてしまうのが多くの執筆者の悲しい性なのです。

しかし、正しく理解しておかねばならないことは、

自分にとって良い本の明確な考えがない限り、あなたの出版は間違いなく失敗する

という現実です。

これは脅かそうとして申し上げている訳でも何でもありません。数百以上の本の案件に携わってきた者としてお伝えする現実です。いわば、ターゲティング出版の神髄と言うべきものです。

詳細は後述しますが、出版業界における制度や仕組み、自分の商売の本質的なビジネスモデル、一冊一冊の出版目的…などによって、「良い本」の答えはまるで変ってきます。特に注意すべきは、先ほど、「数量も内容も両方満たせば良い本に違いない…」という話をしましたが、立場によっては、それでも良い本と言えない場合があります。それがまさにコンサルタントの本なのです。

当然、このことを知って実践している人は驚くほど少数です。しかし、この理屈を理解せずに本を出せば一体どうなるか…。実に単純です。「こんなはずでは…」ということが起きます。分かりやすい例を挙げれば、次のようなものです。

「本がたくさん売れて周囲から凄いと言われるが、実は仕事に全然つながっていない」
「ビジネスの本のはずが、いつの間にか自分の過去の暴露本になってしまった」
「自分の代表作のはずだが、読者や関係者から重きを置かれない」
「仕事がきても、どれも安い講演の仕事ばかりで本業につながらない」
「一冊目と二冊目、三冊目…と出しているが、どれも同じと言われてしまった」
「本を出して講演やセミナーを開催したら、高いとか、儲け主義と批判された」
「要望されるがままに本を書いていたら、専門家扱いされなくなった」
「出版後に問い合わせや質問のメールがくるが、どれも仕事につながらない」…

いかがでしょうか？　ご自分のことはともかくとしても、周囲にこうした人はいらっしゃいませんか？

断っておきますが、出版関係者を批判するつもりは毛頭ありません。どなたも、様々に尽力されていますし、この業界に貢献されているプロフェッショナルであることは間違いありません。事実、多くの素晴らしい本が世に放たれ、後世に読み継がれる名著やベストセラーが毎年、生み出されていっています。

また、出版をきっかけに、自分のビジネスのステージを一気に上げ、多数のクライアントに恵まれたり、取引先を大幅に増やしたりと、ご商売を繁盛させていった例は数えきれないほどあります。これらは出版あってのこと、それらを実現させてくれたことは、本当にありがたいことと言えるでしょう。

ではなぜ、このような予期せぬ結果が起きてしまうことがあるのか…。その最大の理由は、**「著者自身が、本を出す目的とそれに合った戦略を持ち合わせていない」**ということがあげられます。

例えるなら、漠然と「良い家に住みたい」と思って家を買ってしまうようなものです。仕事や収入や貯蓄、さらには自分の考える理想の家や暮らし、家族の事や将来のライフスタイル…といったことを考えずに家を買えばどうなるか…。

「良い家」というのは、先の「良い本」と同じで、誰も否定できない魔法のような言葉です。考えがまとまっていない人が何かの住宅関係の人に相談すると、「これが良い家」と言われると、「なるほど、そういうものか」と、誘導されていく…ということが起きたとしても、何ら不思議はありません。

しかし、当然ですがズレはやがて表面化します。「家と職場が離れていて大変」、「タワーマンションがお薦めと言われたが、何か落ち着かない」、「老後は都会が便利だからと薦められたが騒々しくて」…といった、「こんなはずでは…」のトラブルは、誘導による食い違いが多くの場合の原因です。

こうした中には、純粋な食い違いもあれば、営業担当者の売上欲しさに口がすべったとか、ほとんど騙し同然といったケースもあるかもしれません。

しかし、大事なことは、「自分が考える理想や目的」というものを、しっかり持っていれば、トラブルの多くを未然に避けることができるという事実です。一軒家を考えている人が、マンションの購入説明会に行くこともなければ、住む地域を適当に決めることも、常識的に考えられないからです。

出版についてもまったく同じです。本を出す目的や戦略をしっかり持っていれば、例え出版関係者に色々言われても、迷いは最小限で済みますし、そもそもお門違いの人に相談するということは避けられます。

本書の価値はまさにここにあります。コンサルタント業の方々が望んでいる出版結果に、少しでも近づくこと。そのための知識やノウハウを記しているのです。

もちろん、結果が想定通りになるかどうかは、やってみなければ分からない部分は確かにあるでしょう。しかし、「まるで話にならない」とか「全然ダメ」ということは避けられます。実際、多くの実績に裏打ちされた方法だからです。

あなたの出版を成功させる方程式

さて、改めて伺いますが、あなたの「出版の目的」は何ですか？　何のために本をだそうとしていますか？

本書は、コンサルタントの方を対象とした出版戦略の書ですから、このスタンスを前提とすれば、本書を手にされる方々の「本を出す目的」は、ほぼ共通していると思います。同じような考え、目的意識を持っているはずだからです。

当然ですが、趣味や遊びの本ではなく、仕事として本を考えているはずです。だからこそ、「商売繁盛のために本を出したい」とお答えになるでしょう。実際、多くの方が「そうそう、仕事を増やしたいから」と言います。そういう意味では、ビジネス書の出版目的としては、多くの方に共通する答えと言えるでしょう。

しかし、この表現でも、まだ漠然としています。せっかくですから、コンサルタントとしての出版目的として、もう少し突っ込んで具体的な表現をするなら、

「本を出して、お客さんを増やしたい」
「出版によって、新規契約・クライアントを獲得したい」

というのが現実的なところではないでしょうか。

もちろん、「自分のビジネスのステージを上げたい」とか、「知名度を上げたい」、「世に情報を発信したい」、「書きたいテーマがあった」…という方もいるかもしれません。

しかし、それらはすべて、より上位の話です。お客さんが増えて金銭的に潤ってからの話です。事実、当社にお越しになられる方は、「出版でお客さんを増やしたい」「出版で仕事が潤うようにしたい」というご相談が、圧倒的です。

本音のところで、あなたはどうですか？　いかがでしょうか？

もし、この大事な基本中の基本の部分で違いがあるとすれば、本書を読み進めることはとてもお薦めできません。時間がもったいないだけですから、すぐに閉じられたほうがいいでしょう。

一方で、「新規のお客さんを増やしたい」と意見が一致した方は、ご面倒でも読み進めることをお薦めします。あなたの願う出版に、少しでも近づくための実務ノウハウ、そして戦略を書いているからです。

三方良しの出版とは

くどいようですが、出版目的を明確にしないまま、なんとなくで進めてしまうと、失敗の確率はどんどん上がっていきます。**「仕事を増やす」のも、「新規クライアントを獲得する」のも、職業によってやり方が違う**からです。

例えば「有名になる」というフレーズがあります。出版業界では、この恐ろしい「誘惑の言葉」が、常套句のように使われます。なぜ恐ろしいかと言えば、この言葉を耳にした瞬間、まともだった思考回路が、突然狂い始めるからです。

人は、本人が思っている以上に、「有名になる」ということに対して強い願望があるものです。これを単純に「虚栄心」という言葉だけで説明することはできません。なぜなら、自分の行っていることの成果の客観的な確認だったり、ビジネスの展開上、有名になることの必要性も非常に大きいからです。

なぜそんなことを断定的にお伝えしているのかと言えば、前職で20年以上、書籍の企画・編集・販売に直接携わってきたからです。

簡単に言えば編集者の仕事ですが、会社のメイン事業は「中小企業の経営者を対象としたセミナー」であったため、このお客様に読んでもらうための出版ということで、必然的に読者は経営者で、内容は経営の実務やノウハウ、戦略、経営哲学…といった、「社長さんがお金を出してでも読みたい」と思ってもらえる本をつくることでした。

本づくりも少し変わっていて、通常、出版は分業で行っているところが大半の中、著者探しから企画、編集、時には大幅な修正・執筆、書店営業、広告制作、ダイレクトメールでの販売…など、出版に関する制作から販売に至るまで、すべてを一人で遂行するという、独特のスタイルでした。

このちょっと珍しい仕事のやり方のお陰で、本の売れ行きはもちろんですが、著者の仕事や著者のビジネスに関することも、真剣に考えるようになったのです。

読者である経営者が、本を読んで「この先生はすごい」とご依頼すれば、著者の商売は当然、繁盛します。本が売れて、読者も喜んで著者も喜べば、まさに「三方良し」です。これを意図して狙って本づくりに励み、販売にも精を出していた…ということです。

確かに一般の出版社では、これは結構難しいことです。読者が明確化されていないこともありますが、そもそも仕事が分業という点があります。じっくり企画して本を制作しても、それを広告し、書店営業する人は別のため、「営業は自分らに任せておけ」と、編集方針に反して、キャッチフレーズや書店へのアプローチ、広告展開などが現場で変わったりすることもよくあることだからです。

出版社の中では、「この本は編集が悪いから売れない」とか「広告の仕掛け方が下手だから」、「書店営業が力を入れないから」…といった言葉は残念ながらよく聞かされる言葉です。企画から販売まで、一貫させることはなかなか困難で、どうしても途中でブレたりしやすいのです。

ただ、現実問題として大きな所帯、多くの発行点数、そして大きな売上規模を維持していくためには、分業体制は必須です。これはどの業界、企業にも共通することです。自動車や家電はもちろん、住宅や食品、ホテルや旅行など、一定規模以上の商品・サービスでは、分業するからこそ特定の人や属人性に頼ることなく、仕組みとしてビジネスが廻せるという大きなメリットがあります。

ですから、逆に言えば小さな出版社、特に一つの専門分野に特化して読者を絞って本を出している社員4、5名くらいまでの会社では、企画制作から販売まで、一貫して行っているところも結構あります。

いずれにしろ、前職では、著者のビジネスに深く関わる仕事であったために、執筆依頼の時から、「著者のお客さんやクライアント像を明確化」させ、そうした人たちが「寄ってきて増える」ことを意図し、その方々を「どうビジネスに結び付けるか」…といったことを提案して擦り合わせせました。これがなければ三方良しにならないからです。まさに、ターゲット出版の原点と言えるものです。

この過程で、「先生のビジネス繁盛のために、本をだしませんか？ 有名にもなりますよ。もちろん、ウチも商売ですから儲けます。いかがですか？」…と。

面白いのは、多くの著者と手を組んできましたが、「商売繁盛はいいね〜。でも別に有名にはならなくてもいいよ」と、口では言われるのですが、実はしっかり気にされていたことです。やはりどこかで、「有名になりたい」という想いがあるからです。

事実、出版が実現して、新聞広告などで大きく著者を載せたりすると、「恥ずかしい…」とは言いながらも、「全国紙に自分が掲載されることは、昔からの夢だったよ」と満面の笑みで皆さん喜ばれていました。

ちなみに、前職で私の知る限り、新聞広告に顔写真を掲載するのをお願いして、断ってきた著者はただの一人もいませんでした。むしろ皆、大喜びです。「いつ広告は出るの？」と訊かれることもよくありました。知人や関係者に言いたいそうで、ちょっとした自慢？ということでしょう。誰でも有名になるのは嬉しいのです。

実はこの「三方良し」の状態で出版が実現することは、極めて重要なポイントです。特に著者にとっては、「あなたの願う出版を成功させる方程式」とも言える、最重要の実務です。このことをしっかり満たして、自分の本をだすことができればどうなるか…。

そう、まさに夢ような状態が本当にやってくるのです。

2 ターゲティング出版で段違いの成長を実現する！

本を武器に脱皮したコンサルタント

40代後半のKさんは、中京圏を地盤に以前から地道に活動されていたコンサルタントの方です。もっと売上を伸ばしたい、一段上のビジネス展開を実現したい…という想いで、当社にご相談にお越しになられました。

「自分はもっと活躍できるはず…」――。

多くのコンサルタントの方々が当社にお越しになる理由の一つです。モヤモヤを抱えながら、何かキッカケをつかむために、当社が定期的に開催しているセミナーにご参加される方が多いのですが、Kさんもそうした方々のお一人でした。

セミナーの終了後スグに「お願いします」とご依頼を頂いたのですが、まずは、ご自分のコンサルティングの明確な「売り」をカタチづくることに着手しました。当社ではこれを「コンサルティングの体系化」と呼んでいますが、本を出すためだけではなく、有利なビジネス展開をしていく上でも、極めて重要な実務になります。

たまに、本を出したいだけなのに、なぜそんな遠回りをする必要があるんだ？と言う人がいますが、もちろん大きな理由があります。

それは、自分のビジネスの核、強い魅力、売りモノ…が明確化されていないと、本を書くにしても、**「何をどう書けばいいのか分かるはずがない」**からです。

ここを理解していない人が、驚くほど多いのです。この手の人は、「本なんて何か詳しく物事を書けばいい」程度に思っているのかもしれません。

しかし、最初に申し上げたとおり、本書は「コンサルタントが本を出してクライアントを増やすための方法」について説明しています。「新規の契約を増やしたい」という人のための本です。

ですから、本をファッションで出したいだけなら、自分の商売の魅力だの、コアだの、そうしたものは不要ですが、契約を増やしたいと本当に考えるなら、自分の商売のビジネス的な魅力やアピールすべき点、コンサルティングとして何を提供しているのか…といった根本の部分が定まっていなければ、一行たりとも書けるはずがありません。商売用の本をだすのですから、「絶対条件」とさえ言えるでしょう。

実際、「私は何を書けばいいんでしょうか？」と訊いてくる人がいたりしますが、「自分のビジネスが決まっていない」、「自分の商売の魅力も強みも定まっていない」という人ばかりです。

強みがハッキリしていなければ、読者に何かをアピールすることなど、まず不可能です。

Kさんにも、自分の商売のウリをしっかり定め、また「コンサルティングビジネス」として確実に廻していけるよう、多少遠回りに見えても、じっくり体制を整えてもらいました。営業面についても、自らの手でクライアントを開拓していけるよう、自主開催するセミナーを定期的に開催してもらうようにしました。

当社ではこうしたセミナーのことを、「自己集客セミナー」と呼んでいますが、これらはすべて、コンサルティングビジネスを強く廻すために非常に重要なものです。

詳細については、拙著の他の書籍でも書いているので割愛しますが、重要なポイントは、

コンサルタント業と、他の講演・セミナー講師…などの先生業とでは、商売繁盛のための戦略ならびに営業方法は、大きく異なる

という点です。

コンサルタントにとっては、自己集客セミナーは必須とも言える重要施策で、これをギリギリでも廻せているかどうかは、これから行う「出版」を活かせるかどうかを左右する重要事となります。

見た目はよく似ていても、ビジネスの本質が大きく異なるため、「営業方法もまるで違う」ということです。

このことを理解できていないと、まるで意味のないことを永遠に続けてしまいかねません。当然ながら、ターゲティング出版が効果を出すこともありません。逆に言えば、コンサルタント業に必要なことは、コンサルタント業を繁盛させる営業方法であり、その一環の出版方法を実践することです。

Kさんにも、こうしたことをご理解いただき、ご自身のコンサルティングの土台づくりを行っていただいた後、いよいよ出版に着手いただきました。自分の新規クライアントを増やし、商売繁盛を実現させるための本です。

本に関する指導を開始したとき、東京都内に開設している当社の事務所において、黒い長テーブルを挟みながら、最初にKさんが口にされたのは、「ゴトウさん、本当に自分にも本は書けますか？」――という言葉でした。

中京圏独特のちょっとユニーク？なイントネーションは変わりませんでしたが、いつもの屈託のない笑顔は影をひそめ、眼鏡越しにこちらをチラッと見ながら、少し不安げな感じの表情をされていたのがとても印象的でした。

仕事柄、多くの著者を見てきましたし、コンサルタントの方々の出版にも数多く関わってきました。Kさんに限らず、本を実際に書くという本番を迎えるとき、あれだけ願っていたことなのに「自分は、本当に大丈夫だろうか？」と心配になってくることはよくあることです。それだけ真剣ということです。

これが「なんでもいいから本が出ればいい」といった、浮ついたいい加減な気持ちであれば、何の気負いもないでしょう。しかし、本という大きな道具をついに手掛けるのです。出せば残るものだけに、ことの重要性を理解していればいるほど、重くのしかかってくるのです。

しかも、「クライアントを増やしたい」、「自分のビジネスを飛躍させたい」という目的遂行への想いも、ますます強くなるものです。様々なプレッシャーは日に日に増大していきます。

ですから、このご質問をいただいた後、あえて、こうお答えしました。「大丈夫ですよ、本なんて単なるチラシと思ってください」…と。

もちろん、本当に本がチラシという訳ではありませんが、妙なプレッシャーをほぐしてもらいたいのと、「売るべき商品が決まっていれば、本質はチラシづくりと同じですよ」ということをお伝えしたかったのです。

この言葉の効果か、Kさんは少しホッとされた表情で「分かりました、全力でがんばります！」と力強くお答えになり、猛然と執筆活動を開始されました。

書籍づくりの第一段階は、全体構想が必須となるのですが、ここでKさんには、5年から10年先の事業プランも考えてもらいながら、自分が出すべき本のテーマを決定。そして書籍の骨格となる構成を練りながら、読者に提示するフレーズを考え、書籍の冒頭部分の執筆にとりかかってもらいました。

文字にするとわずか数行なのですが、これらは極めて重要な基本戦略の部分です。残念ながら95％の人が、「まったく考えていない」というのが嘘偽らざる現実です。正直なところ、さらに数字的には上回るかもしれません。

ちなみにこれまで出会った人で、こうした出版戦略をしっかり練られていた人は、ごく数人だけです。むしろ、こうした出版戦略についてお伝えすると、「えっ！、そんなことまで考える必要があったんですか、どうりで…」と、自分の過去に出した本や知人の本を思い描きながらでしょうか、落胆のような納得するような、複雑な表情をされるというのが、ご相談にこられる方のいつもの反応です。

Kさんの場合は、これからが最初の本だったので、「なるほど～」とご自分のこれからのビジネスプランと照らし合わせながら、むしろ夢と期待を膨らませている様子だったのをよく覚えています。

この下準備ともいえる「自分のビジネスにおける出版の戦略」を決めることで、執筆のブレは極端に減ります。重要な冒頭のノリも大きく変わってきます。

こうした手順を踏みながら、原稿を書き進めてもらうこと2カ月半。この間に、本の中の事例の扱いや表現方法、前半から中盤、後半でのテンションの調整、さらには最も重要となる「売りの部分のアピール」方法などについても、詳しくご説明しながら表現を工夫してもらいました。

ちなみに当社では、出版に限らず先に申し上げた「自己集客セミナー」においても、この「売り」の部分の表現については重点的に指導するのみならず、改良、工夫を重ねてもらっています。

何と言ってもコンサルタントビジネスの営業を考える上で、成否を分ける重要事だからです。

上手く行く人と行かない人を分けるのは、こうした基本部分をしっかり詰めているかどうかなのですが、Kさんは驚くほど根気よく、そして手をぬくことなく進められました。

わずか1カ月間で一年間分の仕事を受注

Kさんから「本の原稿がほとんど終わりました」と、ご連絡をいただいたのは、寒さが厳しい年明けから数週間経過した頃でした。後は、出版社での調整が必要となりますが、この段階でできることは、ほぼやり尽くしていたので、出版後の仕掛けの準備に入ってもらうことにしました。

本を出しても、全然仕事につながらないという人たちに共通するミスには、本の中身、つまり内容や書き方の問題も大いにあるのですが、もう一つ、「受け皿の不備」という、致命的なミスが挙げられます。

しかも受け皿を用意するにしても、ほぼ間違いなく「遅い」、または「そもそも準備ができていない」という、痛恨のミスさえ驚くほど多いのです。

どこかで、「本が売れたら仕事がたくさんやってくる」という漠然とした想いだけあるのでしょう。ここでポ～っと舞い上がって「何もしない」という信じられないような状態になる人がびっくりするくらいに多いのです。嘘のような本当の話です。

冷静に考えれば、「何をしているんですか、ここが一番大事な時でしょう！」と言わなくても分かるハズなのですが、「本が出る」という、夢が叶う瞬間に際して、一種の陶酔状態に陥るといったほうが分かりやすいかもしれません。実務遂行能力や判断力が極端に欠如してしまう人が、やたらに多くなるのです。

ちなみに、お恥ずかしいことに、編集者として散々、他の人の本を出すお手伝いをしてきた私も例外ではありませんでした。自分の最初の本の時にはポ～っとしてしまったのをよく覚えています。妙な高ぶりや期待、勝手な思い込みで、ヘンな世界に入ってしまったのです。

こう言っては何ですが、他の方々より出版に関しては慣れていたと思います。それでも、陶酔により「出版後の打ち手や準備」が遅くなるのです。こうしたことを知らない人であればどうなるか…ということです。

だからこそ、関わった人には口酸っぱく「準備を急いでください」…と、本当にせかしています。笑いごとでも何でもなく、後から考えれば本人もびっくりするほど、何をするにも本当に「トロい」状態になっているからです。

Kさんにもハッパをかけ、入念に準備をしてもらいました。自己集客セミナーの開催日程と内容の詰め、当日の話の組み立て、本が出ることによる資料やパンフレットの修正、コンサルティングの価格やスポット相談の組み立て…など、本が実際に発刊されるまでの、僅かな期間に出来る限りのことに手を打ってもらったのです。

実務上困るのは、「僅かな時間」と分かっていても、この期間に出版社とやりとりすることは意外と多く、原稿の補足や加筆、修正はもちろん、細かいチェックに「えっ、その原稿も？」と驚くような要求もあったりします。

当然ながら、日常の仕事をこなしながらですから、仮にポ～っとしていなかったとしても、かなりハードなことは間違いありません。でも、ここが頑張り所なのです。

果たせるかな、Kさんは事前にお伝えしていたこともあって、この詰めの部分を見事にこなして準備を万全に整え、販促も強化していたことで、これまでセミナーでは参加者を5名集めるのにも苦労していたのが、10名から多いときには15名の参加申し込みが入るようになったのです。

自己集客セミナーの場合、これは驚くべき数字です。10名も参加者がいればむしろ多過ぎなくらいです。これは講演業や講師業のセミナーとはビジネス構造がまったく違うからですが、いずれにしろ、Kさんは出版によって、まさにあふれるような集客を実現させることに成功したのです。

その後どうなっているのか…、こちらも気になっていたのですが、忙しいときに邪魔しても悪いので、ご連絡が来るのを気長に待っていました。

そんなあるとき、Kさんからご相談の連絡が入りました。「ゴトウさん大変です。ウチは8月決算だったのですが、9月末には今期の受注枠が、すべてが埋まってしまいました、どうすればいいですか？」というもの。

何と、たった1カ月で1年分の受注が終わってしまったということで、「どうしましょう？」という贅沢な悩みのご相談です。

「困った」という言葉とは対照的に、いつものちょっとユニークなイントネーションと共に、満面の笑みと笑い声が、事務所内に響き渡りました。


さて、本の力を活かせるかどうかは、「自分のビジネスを定める」、「自分のビジネスの未来戦略を考え、どのような本を書いていくかを決める」、さらに、「果実をしっかりモノにするための準備を確実に行う」…とったことが極めて重要です。

これらを、当社では「ターゲティング出版戦略」として、まとめあげ、多くのコンサルタントの方々にご指導し、大きな実績をあげることに成功してきました。

断じて申し上げますが、ターゲティング出版戦略を遂行できるかどうかで、自分が思い描いていた結果が手に入るかどうかが決まります。

これから、その具体実務についてご説明していきましょう。

第2章

著者になる前に、必ず知っておくべき出版業界の構造

1 出版業界の原理原則を知れば百戦危うからず

基本を押さえるだけで、8割の失敗は避けられる

これから本を書くにあたって、まず絶対に知っておいて欲しいことがあります。それは、「出版業界の構造」です。

「本を出したいだけなんだから、そんな面倒なことはどうでもいい」と、思う人も多いでしょう。しかし、大雑把でもいいので、重要なポイントだけは押さえておいてください。あなたの本を「期待どおりに働いてくれる道具」にするため、「三方良し」を実現するために絶対不可欠なことだからです。

言い換えれば、この根本の構造を理解せず、自分の幻想的な思い込みで出版を進めれば、当然、上手く行かないことが多発します。基本を分かっているだけで、馬鹿馬鹿しい失敗の8割を避けれるのですから、ここは是非とも押さえておいていただきたいと思います。先にお伝えした「住宅の話」と同じだからです。

ただし、これらの説明には「毒」が付随しています。特に出版に幻想を抱いていた人にとっては、夢を壊されるような不愉快な感情を抱かれるかもしれません。ここは何卒ご了承いただくとして、まず最初にご理解いただきたいことがあります。それは、

出版関係者は、決してあなたの味方ではない

ということです。

残念なことに、多くの人が勘違いしているのがこの点です。この大前提を腹の底から分かっていないために、第一段階から大きく方向がズレてしまっているケースは本当に多いのです。

ただし、これは出版関係者が皆、「騙そうとしている」とか、「ハメてやろう」と考えているという意味では決してありません。単純な話、出版社も編集者も、出版に関するアドバイザーも、さらには広告関係や営業代行の人…も、皆が「自分たちのビジネスを遂行しようとしているだけ」ということです。

これは、商売人やビジネスマンであれば当然のことです。皆が仕事として動いているのです。そこには必ず「売上」や「冊数」、もっと言えば「ノルマ」などが絡んでいる、と考えるのが、まともな大人の理解というものです。

この当たり前のことに対して、「あの編集者は、オレの本を一生懸命に編集してくれない」とか、「ワタシの本は後回しでやる気を感じない」…などと、文句を言っている人が驚くほど多いのです。

冷静に考えて欲しいのですが、「あなたの本は、一体どれくらい売れるのですか、どれくらいの収益をあげられるのですか？」ということです。

そもそも、一人の編集者が年間何冊の本を手掛けているかご存知でしょうか？

もちろん出版社や立場によってかなりバラつきがあるのですが、ビジネス書においてざっくり言えば、一人当たり年間12冊くらい…という一つの目安があります。

この数字は、ベストセラーが誕生する統計学的な確率論から来ている、という説もありますが、いずれにしろ、ひと月に1冊くらいのペースで本を編集・出版するとなると、これは結構、忙しいということです。

出版社によっては、もう少しゆっくりのところもありますが、逆に販売の都合上、もっと多くの本を手がけるところもあります。実際、一人の担当者が年間20冊以上頑張っている…というところも知っています。

なにせ、この期間に本の中身の編集はもちろん、著者を探してくる仕事も当然、平行して行うのです。出版方針の決定、書籍タイトルや帯のコピーも決めなくてはなりません。その中で、出版会議で次に出す本も決めていきます。売上が厳しい時には出版点数を急遽、増やしたり、売れそうな本を前倒しで発行することも行われます。

正直な話、売れる保証もない新規の著者のために、何カ月もかけて本の構成から中身づくりにまで手を入れて…という時間的余裕があるケースは稀です。ゆっくりやれるのは、新人の編集者で一冊目の本を勉強がてらにあてがわれた場合か、そもそも出版点数が一人当たり年間数冊、という出版社くらいなのです。

要するに出版もビジネスですから、新商品やリピート品をどう用意して売っていくか…ということに他なりません。初めての著者であれば新商品、過去に何度か出している著者ならシリーズ品かリピート品と考えれば分かりやすいでしょう。

ですから、自分が「年間売上目標をクリアしなければならない営業担当」の立場であれば、扱い商品を一体どう考えていくか…ということです。要は誰でも、「**売上が見込める商品でなければ扱いたくない**」ということです。

出版で言うなら、「売れそうなテーマで、限りなく完全な原稿がほしい」ということです。立場を考えればこれこそが本音です。

誰でも忙しい時に手間のかかることはしたくありません。この大前提を理解していないと、「アノ人の時にはじっくり手をいれていたのに、自分の本の時には何もしてくれなかった」などという、壮大な戯言を発してしまうのです。

もう一度伺います。あなたの本は、「どれだけ売れる本ですか？」…と。

著者が出すべき原稿完成度の基準

そもそも、本の原稿に関して一つ知っておくべきことがあります。それは圧倒的大多数の方々が勘違いしているのですが、本の原稿は、基本的に「完全原稿で渡す」というのが、本来の著者の役目ということです。

これは勝手に申し上げている訳ではありません。多くの出版社が加盟している、日本書籍出版協会という団体があるのですが、著者と出版社が交わす「出版契約書」の標準仕様のヒナ形には、次のように明記されています。

第8条（発行の期日と方法）
（1）乙は、本著作物の完全原稿の受領後○ヵ月以内に、第2条第1項第1号から第3号までの全部またはいずれかの形態で出版を行う。ただし、やむを得ない事情があるときは、甲乙協議のうえ出版の期日を変更することができる。また、乙が本著作物が出版に適さないと判断した場合には、乙は、本契約を解除することができる。

ちなみに、甲は著者で、乙は出版社です。ネットで誰でも簡単にこの書式をダウンロードできますので、ぜひ検索して入手してみてください。

記載されているとおり、出版社は「完全原稿」をもらってから○カ月後に本を出しますよ、というのが本来の進め方です。この「○ヶ月」の部分に記入して使うのですが、案件によって様々で3カ月とか5カ月など記載して契約を交わします。

ただ現実の出版の世界では、本来の取り決め通りではなかなか上手くいかず、おかしな慣習がはびこるようになってきました。それは、「本が出てから契約書を交わす」というものです。

全部本ができあがってから、後から逆算して日付を記入して契約書を交わすという妙なことをします。本来おかしいのですが、現実的には多くの出版社で行われています。

契約書をかなり早く交わす出版社でも、「原稿データを印刷に回して発行日が決定したら交わそう」といった感じです。出版契約書など基本的に交わしていない…という出版社も、結構あったりします。

まあ、本が印刷されて流通して売れているうちは何も問題ありません。ただ、何かトラブルが起きたときには困ったことになります。いわゆる印税などでモメたりするのも、契約書がなく、いくら払うのか曖昧だったり口約束で済ましているケースが大半です。無料の冊子や印税がゼロの本ならともかく、お金が絡んでくることなので、後でモメないためにも契約書は重要です。

いずれにしろ、本来、著者は完全な原稿を用意して出版社に渡すのが役目であり、それを本の体裁にして発行、流通させるのが出版社の役目ということです。

これが、いつの間にか大きく変わってしまった理由は定かではありませんが、出版社がたくさん売れる本をつくるために「こんな内容にしてほしい」と著者に指示して、執筆内容に大きく関わるケースが増えたということが考えられます。

いつしか、内容をいじるのが当たり前のようになり、いつ発行できるか決めづらくなったため、契約書も後になったと考えられますが、これはこれでベストセラーを量産しやすくなった面もあり、大いに効果を発揮したと言えるでしょう。

しかし、それはあくまでも売れっ子著者の本や、売れるテーマと分かっている場合の話。何でもかんでも、「編集者が手を入れてくれるのが当たり前」と思うのは、単なる甘えと言わざるを得ません。

少なくとも、大幅に手が入って加筆修正、言われたとおりに書いたけれど構成もすっかり変わって出るとしたら、もはや「著者の名前がついた文字打ち作業のお手伝いをした紙の束」、ということになります。

いかがでしょうか？ 経営指導をするコンサルタントが、「他人が書いた本」で新規客が来るようになる…と思うとしたら結構、アブナイですよね、ということです。

「有名になれば仕事がくる」の理屈はどこからくるか？

出版業界は基本的に「自社の売上」をつくるために動いており、そのために「売れる本をつくりたい」と考えて行動します。

売上とは「単価×数量」ですから、書籍の価格が1600円だとしたら、これに販売部数を掛ければ、その本の総売上が決まってきます。

例えば、1600円の本が1万部売れたら1600万円です。ただし、本の問屋「取次（とりつぎ）」に卸して、書店に並べてもらわないと本は売れていきませんので、7掛けで卸すと1120万円ということになります。

ここから制作原価を引かなければなりません。一度に印刷する冊数や造り方でかなり変わってきますが、ざっと定価の10〜20％くらい、著者に支払う原稿使用料が5〜10％くらいで両方で仮に25％とすれば、400万円。よってこの段階で残る利益は720万円です。ここに広告宣伝費がかかってきて、出版社で働く編集者や校正の人、書籍のデザインをしてくれる人、書店営業の人…など、実に様々な人が動いてくれていますが、すべてこの中から支払われることになります。

今、分かりやすいように1万部売れたら…と例を挙げましたが、現実には、ビジネス書で1万部売れるのはかなり稀です。もちろん何万部、何十万部と売れる本もありますが、大半は5千部はおろか、一番最初に印刷した3千部すら売れずに在庫として残っているというのはよくある話です。先に、編集者は年間平均12冊を手掛けるのは確率論から、とお伝えしましたが、要はその一冊が1万部越えの一冊ということです。

これは書籍全体の数字となりますが、一年間に国内で発行される書籍は約8万点ほどありますが、書店から売れずに戻ってくる返品率は40％近くにも達します。大ベストセラーで10万部や100万部も売れる本がある中で、全体平均で約4割が売れずに戻ってくる、ということです。

言うまでもなく、ベストセラーになっている本は、在庫が無くなって追加印刷（これを増刷と言います）しているので、ほとんど返品はゼロです。ということは、それ以外の本がいかに売れずに返ってきているか…ということです。

ですから、ビジネス書に多いケースという意味では、例に挙げた1万部を5分の1とかで計算するのが実態に近いのでは？　ということです。この金額で、「出版社が広告を出してくれない！」と文句を言っている人がいたりしますが、ある程度売れない限り、出版社としては広告予算を割くことは極めて厳しいということです。

さて、この金銭的なことを踏まえた上で、編集者が考えることは何でしょうか？　実に単純です。「たくさん売れる本を出したい」です。

当然ですよね？　ですからこれを聞くと「ほら、自分と利害が一致している！」と嬉しそうに言ってくる人がいます。なるほど、そう聞こえますね。しかし、ここで一つ覚えておいて欲しいことがあります。

それは、「**あなたのビジネスが上手くいくかどうかは関係がない**」ということです。

嫌な表現に聞こえるかもしれませんが、これが現実です。

出版社はあなたのビジネスのことを基本的に一切、考えません。考えていることはただ、「本が売れるかどうか」です。理由は、今ご説明してきたとおりです。売上がつくれなければやっていけないからです。

もう少し正確に言えば、「著者としての価値が上がれば、本はもっと売れる」ことになりますし、2冊目、3冊目も売りやすくなると考えます。売れっ子を半ば独占的に押さえることができれば、出版社としては非常に都合がいいのです。

著者としての価値が上がるとは、要は本が売れることと著者が有名になることの相乗効果によって実現していくことです。だからこそ、「有名になれば売れる」という言葉は、出版社にとって、本当に合致しているフレーズなのです。

では、著者側からはどうなのか？「有名になれば…」本当に仕事が増えるでしょうか？皆さんはどう思われますか？

結論を先に申し上げれば「仕事になる場合と、全然ならない場合がある」ということです。要は、前提条件があり、これを満たしていなければ、どれだけ本が売れて有名になったとしても、全く仕事は増えないということが起きます。

前提条件とは何かといえば、ズバリ「ビジネスの仕組み」です。他の言葉で言えば「バックエンド」と言ったり、「売りモノ」と表現したりしますが、分かりやすく言えば、

自分の本業がしっかりできていて、出版というキッカケで自分のビジネスを知ってもらい、一定の確率論で利用してもらえる仕組みが完成している

ということです。これが条件です。

もし、この前提条件が整っていなければどうなるか…。「有名になれば仕事が増える」とどれだけ言ったところで、何の商売をしているのか、どう利用していいのか分からない状態となり、皆が素通りするだけです。

自慢のラーメンを食べに来てもらうのに、その美味しさへのこだわりや特徴、食べた人の声などを記載してチラシを撒けば集客効果は期待できますが、「まずチラシで集客、ラーメン作りは後だ！」と言われたらどう思いますか、ということです。

お店もまともにできていないのに、とにかく集客。知名度を上げれば必ず売れるようになる…とばかりに、チラシを作製してバラまく。でもチラシに書けることはほとんど何もありません。なにせ自信をもって出せるラーメンもないからです。

そういうと、「ウチは何でも美味しいと書けばいいよ。後はビール一杯無料券をつければお客はくるから…」とアドバイザー？　にそそのかされてチラシを撒いても、来店するのは、ビール一杯無料につられてくる人ばかり。

いかがでしょうか？　本書の冒頭で「本はチラシみたいなもの」と表現しましたが、ある意味、本当に的確な表現と思っています。前提条件を満たしていれば本当に商売繁盛につながりますが、何もできていなければどうなるか…。

ちなみに、この話をすると、「編集者はなぜそこまで考えてくれないのか？」と、こちらも驚くような言葉を言ってきた人もいます。

かりそめにも、経営者を指導したり、経営アドバイスをして大きなお金をいただくというコンサルタントが、「あの人は、こちらの商売を考えてくれない！」などと文句を言うとしたら、誰が一体そんな程度の低い人にコンサルティングを頼むのでしょうか…、ということです。

2 大きな声では言えない出版関係者3つのタブー

タブー1　売れる本のつくり方を知っている

出版業界の構造を知っておくことは、仕事につながる本を出すために非常に重要なことですが、一方でタブーについてもやはり触れておかなければなりません。これを本で書こうというのですから、滅茶苦茶に怒られたり、嫌がらせをされないとも限りませんので、書ける範囲の一部に留めますが、幾つか重要なことを記します。

まず一つ目は、「新しいヒット作のつくり方を、案外、出版関係者は知らない」という事実です。

最初からちょっと問題発言なので、「なんだと！」と本書を編集していただいている方にも、この原稿部分は大きくカット！となりかねませんが、本質的に言いたいことは、まず、売れる本とは、「パターンが決まっているモノ」または「聞いたことがないモノ」のどちらかに大別されるということです。

前者は、簡単に言えば繰り返すモノで、いわゆる定番物と言われる本です。例を挙げれば、「新入社員読本」、「部長になったら読む本」、「経理入門」、「ビジネスマンのマナー」、「営業の基本」、「ビジネス文書・メール作法」、「スピーチの基本」、「部下指導術」、「プレゼンの技術」…といった感じの本です。

要は、中身に関しては基本的なテーマはそれほど変わらず、読者対象のほうが一定のタイミングで需要ゾーンに入ってくるパターンです。言葉は悪いですが、仮に内容がほとんど一緒でも、来年はまた違う新入社員が利用する…ということで、むしろ大きく変えないことが大事だったりします。

定期刊行物の雑誌は、まさにこの典型例です。結婚式関連や中古車、仕事探し…などの情報を扱っている大手の会社がありますが、中身の情報そのものは新しくなっていても、構成や掲載されている要素、テーマなどは、基本的にそれほど変わっていません。対象の読者が入れ替わって購入されています。

週刊誌や月刊誌なども、こうした視点で見てみると、大きなテーマはそれほど変えていません。ビジネス系の雑誌であれば、「給料」、「ボーナス」、「転職」、「アピール術」、「仕事効率化」、「将来設計」、「保険」…といった主要なテーマを、一年間の中でサイクル的に廻していって紙面を構成しています。

これは女性誌でも一緒で、「美容」、「衣服」、「旅行」、「性に関する特集」、「結婚」、「恋愛」、「癒し」、「ペット」…といった主要テーマをぐるぐる廻しながら、ほんの時々、特別なテーマを入れてくる、といった感じです。

何が言いたいかと言えば、「雑誌そのものを創刊させる」ことは、極めて難しいということです。まず読者対象を設定し、主要なテーマの構成を考え、そしてどのようなサイクルで廻し、どんな原稿を用意するか、そして販売についても考える必要があるのです。

これをすべてこなしてはじめて雑誌の創刊が成功する訳ですが、生半可な仕事でないことだけはご理解いただけると思います。簡単に言えば、「新しい業態のお店をつくる」のと似たようなものだからです。

フランチャイズでお店を出す話や、店内で扱う商品が決まっていて次にどんな新商品を取り扱うのか…といった話とは、まるで難易度が違うということです。

何をやるかの大枠が決まっていれば、後は担当者でも出来る仕事と言えますが、決まりがない中で、大枠を決めていって商売として成立させていくことは、商売を興すがごとく本当に難しいことです。

実際、創刊される雑誌、そして生き残っている雑誌を見れば、よく分かることです。そもそも雑誌の種類そのものは少ない上、大々的に広告されて売り出される中で、十年以上生き残っている物など、ほんの一部しかありません。しかも、先に上げた大手会社の有名な雑誌の多くは、「創刊男」と呼ばれた一人の人物が手掛けたものです。

これが何を意味するかと言えば、

圧倒的大多数の人は、「既存テーマや繰り返しモノ」に従事して仕事をしている

ということです。

こうした傾向は書籍でも同じです。これまで扱ったことがないような斬新なテーマ、読者層が見えづらいモノ、新シリーズの本…などは、非常に難易度が高く、一部の人が手掛けるにとどまります。実際、書店や新聞広告などで書籍のタイトルをチェックして見てください。先に上げた繰り返し系の本や、他社で売れたのを聞きつけたのかマネとしか言えない類似の本が、やたらに多いのが分かるでしょう。

これらを鑑みたとき、「繰り返し系および類似テーマ」と「新規のテーマ」とでは、ざっと10対1以上の開きがあるのではないか？　ということです。正直な感覚では、２０対１くらいと思っていますが、いずれにしろ、書店店頭で本を眺めてもらえれば、ご実感いただけると思います。

ただし、ここで誤解頂きたくないのは、出版社や編集者を揶揄してこんなことをお伝えしている訳ではない、ということです。なぜなら、商売やビジネスの成長発展を考えれば、これは至極当然のことであり、他業界を見ても、全く同じことが行われているからです。何も出版界特有の事象でも何でもない、ということです。

考えて頂ければスグに分かります。ビジネスを大きく成長発展させていこうと思えば、「当たると分かっているモノを広げていく方が絶対的に有利」だからです。

毎回、皆が博打をしていたら、当たり外れが酷すぎて、とても商売としてやっていくことはできません。

ですから、家電でも旅行でも飲食でもサービスでも、必ず「定番」の商品やサービスというものが存在し、それが会社の屋台骨を支えています。斬新な商品開発で有名なあるメーカーでは、「新商品の比率を年間売上の25％以上にする」と定めていたりしますが、これは、裏を返せば「売れる新商品を生み出すことがいかに大変か」ということです。

つまり、出版においても「定番でしっかり稼ぐ」のが経営安定化に必要であり、最悪デッドボールでも一塁に出れる仕組みは、戦略上とても優れた手法なのです。当たるかどうか分からないけれど、物凄いヒットを狙うような本はごく少数にとどめている、これが、「新しいヒット作をつくれる人はほとんどいない」の真意です。

要するに、商売上も人員配置上も、一塁には可能な限り出ていかなければならないため、似たようなテーマや繰り返し系のテーマ、外れが少ないカテゴリーなどの本が作られる、ということです。

このことを理解していれば、不用意に「あの出版社は売れる本を作ってくれる」…などと過度に期待するのはどうか…ということです。

そもそも本は会社が発行しますが、一冊一冊は担当者の案件だったりします。転職が多い出版業界では、「編集者と供に企画ごと別の出版社に移ってしまう」ということも決して珍しくありません。

タブー2　読者をよく知っている

よく編集者とのやり取りの中で、「読者が求めているので、こういう内容を書いて下さい」とか、「読者が喜ぶので、ここを突っ込んで…」、「出し惜しみしていたら読者は喰いついてくれませんよ」…といった会話がされたりします。

「確かにそうかも…」ということで、出版経験がある方なら、書き直しや修正、加筆したりといったことは一度や二度は必ずあると思います。編集者の常套句とも言えるし、しっかりした内容の本を作るためにも必要なやり取りと言えるでしょう。実際、自分が編集者をしていた時にも、似たような言葉は何度も使っていました。

さてここで一つお考えいただきたいのは、「本当に編集者は読者を知っているのか？」ということです。これも色々なところから石を投げられそうですが、重要なことなので、あえて取り上げています。

もちろん、読者をまったく知らないで本をつくっている…なんてことは、余程のド新人でもない限りありえないでしょう。しかし一方で、次の事に対して、みなさんはどう思いますか？

- **大多数の出版社は、直接読者に本を販売していない**
- **ハガキやウェブのレビューの読者の声は、販売冊数の１％にも及ばない**
- **出版記念などの催しを開いて読者と接触するとしても、それは出版後の話**
- **著者の客層と、編集者が考える読者層は必ずしも一致しているか分からない**

いかがでしょうか？本当に怒られそうなことばかり書いていますが…

多くの出版社では本を取次に卸し、その後、書店に並んで販売される形態をとっています。ですから、「誰が本を買ってくれているのか特定しようがない」のです。

分かっているのは「売れ行き」ですが、実はこの数字も間接的です。直接販売していないため、書店や取次からの情報を元に、「この期間にだいたいこれくらい売れている」と推測しているのが本当のところです。正確な数値が欲しくても、間接販売のために流通在庫があり、今日現在の全部の販売数量を把握することは不可能だからです。

固有名詞としての読者を把握していないため、読者を知る足掛かりはハガキやメール、ネットに記載されるレビューなどが主なものとなりますが、この比率は1万部くらい売れても30件くらいだったりします。

もちろん、貴重な感想やご意見ですが、1％にも満たないのが実情なのです。他の商売、例えば飲食店で来店客のわずか0．5％ほどの意見で「これがユーザーの考え」と主張したら、これは結構危なっかしいと言わざるを得ないでしょう。一人の声の大きい人が「タバコ吸わせろ」と騒いで禁煙を取りやめるようなものです。

なお、これも出版社を批判したくて申し上げている訳ではありません。多くの出版社に共通する、出版スタイルの構造をご理解頂きたいのです。

要は、特定の分野に専門特化して細々と本を出している小さな出版社であれば、読者層も把握しているし、直接販売も珍しくないので読者を知っているのは当然です。しかし、ある程度の規模以上となる大多数の出版社では、本を取次、書店へと流通させて販売するのが当たり前です。その方が効率がいいからです。

何度も申し上げている通り、他業界でも同じことで、規模が大きくなってくれば間接的な流通経路を通じて販売されるのは経営効率上、当たり前なのです。

ですから、この条件下で考えられている「読者」とは、マスコミ的な感覚に近く、すなわち、「数を見込める層」や「大衆」ということになってきます。テレビやラジオ、映画などが明確なユーザー定義というより、もっと大きなくくりや感覚で捉えてコンテンツを作っているのと同じです。

実際、大ヒットした本というのは、テレビや雑誌が取り上げたりしますが、こうした本は特定の読者層というよりは、幅広い層から支持されたというのが大多数です。

お分かりいただけたでしょうか？　多くの出版社や編集者が考えている読者というのは、特定された読者というよりは、ふわっとした感覚的な読者層ということです。それを代弁しているのが、他ならぬ編集者ということです。

感度が鋭い編集者であれば、「見えない独特の時代の空気」的なものを捉え、その要素や内容を盛り込み、ヒット作へと導いていってくれるでしょう。これは実に素晴らしいことだと思います。一方で重要なことは、

見込み客を対象とした本を出すなら、あなた以上に見込み客を知っている人はいない

ということです。

理由は言うまでもありません。自分がその業界や分野でビジネスをしているのであれば、

最も顧客を知り、ユーザーの願望を知っているのは誰よりも自分のハズだからです。少なくとも、その業界に普段関わっていない人よりは、よほど詳しいハズです。
これが、編集者は意外と読者を知らない、という意味の真意です。

タブー3　ロングセラーを狙っている

関係者から、「ベストセラーも当然ですが、ロングセラーも考えていきましょう」といった言葉をよく耳にすることがあります。自分の本が長く売れ続けるのは嬉しいことですから、色よい返事をするのですが、実は多くの関係者は、ヒット作を考えることはあっても、意図してロングセラーを考えたり、ロングセラーを実現するために手を打つということはほとんどない…というのが現実です。

これまた、特に出版界の大先輩などからキツイお叱りを受けそうですが、事実として言えることは、ロングセラーを実現するためには、そうなるための施策が絶対に必要ということです。放っておいて、勝手に売れ続けてロングセラーになるということは、絶対と言っていいほどありません。

世の中にロングセラーとなっている商品は数多くあります。本に限らず食品、衣服、靴、音楽、雑貨、家電、文具、飲料、玩具…など、様々な分野にロングセラー商品はありますが、各々の企業が、どれだけ努力して商品の寿命を延ばす施策を行っているかは、あまり知られていないことです。

定番商品やロングセラー商品とは、あまり手を掛けずとも繰り返し購入してもらえたり、口コミで売れたりと企業にとっては貴重な「ドル箱商品」です。ですから、ロングセラーは本当にありがたいことに間違いありません。ですから、出版関係者の「ロングセラーを狙っていきましょう」という言葉に嘘はないでしょう。

問題は、多くの出版社や編集者の仕事のスタイルと必要な施策との関係性です。先に多くの出版社は分業制で仕事をしていることをお伝えしましたが、年に十冊以上も担当する編集者からすれば、「目の前の本をこなすことで精一杯」というのが実情です。

もちろん稀に余裕がある人もいるでしょう。しかし、大多数の方は新刊を世に送り出すために、時には徹夜もしながら、必死で自分の役割をこなしているのです。

「既存の本に、何かを考えて行うということに余裕がある人は極めて少数派」ということです。

ロングセラーを実現するには、当然ですが「売れ続けている」ことが大前提です。このためには、最初の読者層が一巡した後は、それに代わる新たな層を開拓していく必要が出てきます。キャッチコピーや見せ方、広告宣伝なども随時変えていく必要があるのです。

本は他の消耗品と違い、**同じ人が同じ本を繰り返し購入することは無い**からです。
ですから新刊発売後1、2年の話であれば、編集者としても売れていれば、他の本づくりをそっちのけで対応もできたりしますが、数年経てばそうも行きません。分業ですから編集者も次の本をつくらなくてはなりません。

ここが、ベストセラーとロングセラーの違いです。ベストセラーは短期でつくれますが、ロングセラーは3年、5年、10年と売れ続けてはじめて実現するものです。しかし、いまご説明したとおり、長きにわたって商品を売り続けるためには、企画・営業・広告宣伝…の連携が不可欠であり、密接な活動が行われているしっかりした体制がない限り、編集担当者の単体ベースでは極めて困難なことなのです。

事実、ロングセラーかどうかは、発売から5年以上経っても売れているかどうか…を見れば判断がつくでしょう。一時的にどれだけヒットしたとしても、その本が、2年や3年と経たずにほとんどゴミ同然となってしまえば、これは「打ち上げ花火」の本であり、とてもロングセラーになどなっていない、ということが一目瞭然になります。

本書はコンサルタント向けということが前提ですので、本に対する考え方も当然違うでしょう。コンサルタントの本は、一過性ではなくロングセラーでじっくり長く売れる方が商売的に有利なため、このことをお伝えしていますこと、ご理解ください。

3 あなたを取り巻く出版関係者の構図

出版業界のさまざまな専門サービス

さて、本を出すに当たって、もう一つ押さえておくべきことがあります。出版にまつわる関係者、関係性の理解です。

本の出し方によって、関係者の数は大きく変わります。関わりの深さもまったく違ってきます。関係者といっても、出版にあまり馴染みがない方だとピンとこないと思いますので、基本的な部分をまずご説明しましょう。

最もシンプルな関係は、著者と編集者でほぼ全員というケースです。原稿を書いた著者が、その原稿を編集者に渡し、大まかな体裁や文字校正などを行った上で、印刷所に渡して本が出来上がる…というものです。

本の流通に関しては取次に卸すだけで、後はお任せで書店店頭に並ぶ…といった最小限の体制であれば、取り巻く環境的なことで言えば、登場人物はこれで以上終了、くらいに実に単純となります。

実際、ほぼこの体制で、事務員さん一人だけ雇って出版社を経営されている知人の社長さんもいます。ご本人が編集者であり経営者です。さすがに文字校正は目がつらくて…とのことで、そこはたまに外注を頼んだりしているそうですが、他はほぼこのまま、という最小限スタイルの出版です。

一方で、「どんな本を書けば売れるのか?」を考えましょう…と、本の企画を専門に請け負っている人もいます。また、本の執筆は時間も労力も大変かかる上に、「どう書けばいいのか…」を知らない人にとっては難渋の作業です。これを「あなたの代わりに書いてあげますよ」という人もいます。

文章の流れや言い回し、全体の構成など、編集ひとつで本の売れ行きは大きく変わってくるので、書いた原稿をヒット作にするための工夫やアレンジ、修正…などを専門に行っている人もいます。

さらに、原稿があって出版してくれるところはないか? と著者に代わって出版社探しを専門に行っている人もいます。本をどう売っていくか、広告などをどう仕掛けていくかなどを戦略的に決めるのを仕事にしている人もいます。

営業面で言えば、書店の店頭で本を良い位置に並べてもらったり、大量陳列してもらう営業交渉をしてくれる人もいれば、全国の書店に「この本を扱いませんか?」と告知して、仕入れを促す営業サポートをしてくれる人もいます。

この他、いわゆる実務上の文字校正や書籍のデザイン、組版・製版、物流関係…といったことをこなしてくれている人も多数います。

さて、実に多岐に渡る関係者が登場してくるのですが、もちろん全員が必ず登場してくる訳ではありません。最初に申し上げた最小限スタイルであれば、著者と編集者（出版社）だけでほぼ完結します。

では、その他の人は何なのか…ということですが、大きな出版社の場合、先に列記した様々な仕事をする人たちの大半を社内に抱えていて、皆がそれぞれ専門的に「売れる本」をつくるために働いています。

しかし、それだけ社員数を抱えて巨大なビジネスを展開していくためには負担も相当なものです。体力のない中小の出版社にとっては、これまで非常に難しいことだったのが、業界のビジネスの効率化や高度化が進んでいく中で、それぞれ専門的な部分については外部・外注サービスとして提供されるようになってきたのです。

ここで重要なことは、外部のサービスを使うということは当然ですが、そこに「費用」が発生するということです。この費用について、誰が払うのか？　これが問題なのです。結論から言えば、「時と場合、そして考え方による」のです。だから、理解が必要になってくるのです。

本を出すのにいくらかかるのか？の意味

あくまで一般論となりますが、よほど売れる見込みがある著者でもない限り、出版社側が外部サービスの費用を負担することはありません。

出版社としては自分達のやり方で商売をしっかり行っているのだから、追加的に発生する部分については「それは、そっちが必要としたもの」というスタンスです。ある意味当然と言えるでしょう。

「そっち」とは、著者です。ですから、先に上げた外部サービスを「どれだけ使うのか」、によって著者の費用負担は大きく変わってくることになります。これが、「本をだすのに、いくらかかるのか？」という言葉の意味です。

しかし、冷静に考えれば「原稿を全部書いて、出版社に渡して本が出る」という、最小限スタイルの場合や、多少出版社の社内で専門スタッフがいじったりした場合などでも、追加的な費用が掛かっていなければ、著者が出版に関してお金を払うということは一切ありません。むしろ、「原稿料」をもらえる立場ということです。

出版社は、著者から原稿をもらうと、その使用料としてお金を払います。最も一般的な契約スタイルは、売れた部数に対して書籍価格の5～10％などの比率でお金を払うというものです。ですからもし出版社が、本当はもっと売れているのに、「これだけしか売れていません」と発行部数を誤魔化せば、著者の取り分が減ってしまうことになります。こうしたことが出来ないように、昔は本の最終ページとなる「奥付」に著者がハンコ（検印と言います）を捺しました。「検印なき本は販売不可」などと記載されているので、ズルができない仕組みになっていたのです。

出版社から見れば著者に払う原稿料は税金みたいなものなので、その名残りで「印税」と呼ばれています。現在では、さすがに一冊一冊、本にハンコを捺すのは非効率なので、信頼関係で「検印省略」が当たり前になっています。

いずれにしろ、純粋に著者と出版社だけの関係であれば、お金の流れも以上終わりです。出版社は自社の経費で本を作って販売して利益を上げ、売れた比率で著者に印税を支払います。この基本的な出版スタイルを「商業出版」と言います。

さて、自分一人で「出版社が満足する原稿を書けて本が売れる」のであれば、話は実に単純なのですが、「本をとにかく出したい」と思ってもイマイチ分からないとか、「もっと売れる本をだしたい」という人が、様々な外部サービスを使うことで、少しお金の流れが変わってきます。

現実問題、出版社がＯＫサインを出す企画や、どういうふうに原稿を書けばいいのか…などは、非常に難易度が高いことです。これらを突破させてくれる外部サービスは、著者にとっては実にありがたいものです。ただし、先にご説明したとおり、基本的に出版社は費用負担をしませんので、それらの費用はすべて著者負担となります。

費用は、単純に○○万円という場合もあれば、「本がたくさん売れたら、お互いに得でしょう？」と、「著者の印税」から一定比率でかかる契約もあります。例えば、「著者に入る印税から3割を、本の企画料としてもらいます」といったパターンです。

これらの費用は、外部サービスをどれだけ使うのかによって当然変わってきます。外部サービスも多岐に渡っていて、企画だけという場合もあれば、ワンストップで企画から販売支援までまるごと…という場合もあります。

会社によってサービス内容も違えば、料金も大きく違ってきます。ざっと言えば、10万円くらいから数百万円といったところでしょうか。本当に幅があるのですが、要はどれだけ関わってくるのか…という違いと思ってください。

ちなみに、出版にお金がかかると言うと、「オカシイ」と言いだす人がいるのですが、それはちょっと短絡的と言えるでしょう。

例えば、どこかに泊まる時、自分で料理もなんでもするし、寝袋も持っているので素泊まりでOKというのであれば、ものすごく安い宿を探せるかもしれません。その代わり、コンセントもなければエアコンもないかもしれません。歯ブラシもなければドライヤーもありません。

自分でなんでもしなければならないし、我慢しなければならないことが多いのは、安さを選んだのですから仕方がありません。ここで、「なんてサービスが悪いんだ！」と意味不明なことを言って怒っている人がいたらどうでしょうか。

一方で、仕事で宿泊するというのであれば、疲れた状態で翌日の商談は避けたいところです。快適な空間を望みますし、何より便利な場所でなければ困るでしょう。商談相手がロビーに来る可能性があればヘタな場所にする訳にもいきません。ラウンジなどで食事をしながらの商談もあるかもしれません。

電話一本で必要な物を届けてくれたり、スタッフの気の利いた対応によって疲れも軽減されるでしょう。ビジネス上の利点も計り知れないことを考えれば、相当な高級ホテルでも、結果的に安いということも考えられます。

つまり、「あの出版社はこんなこともまでしてくれるのに、こっちは…」と文句を言っている人、「あの人はお金を掛けずに本がでているのに、なぜ自分はこんなにお金がかかるんだ！」とボヤいている人。要するに、自分が望んでいることを自分自身が理解していて、正しい選択をしているかどうか…ということが重要ということです。

同じ出版社であっても、「どれだけ狙える本か？」によって、その取り組みが全然変わってくることも、あなたがその出版社の経営者の立場になったと想像してみれば、お分かりいただけると思います。

出版形態で言えば、発行リスクを出版社が負っているものは基本的に商業出版と言えますが、他にも出版形態は色々あります。著者が印刷代を出すという「自費出版」のスタイルもあるし、出版社がまるごと「著者の商売に適した本」を請け負って出すという企業出版とかブックマーケティングといった形態もあります。

これらの方式の場合、書籍の発行コストに関して著者側が負うことになるため、費用的にはかなり高くなる傾向があります。ざっと３００万円から１０００万円オーバーも珍しくない、といったところでしょうか。

ちなみに商業出版でも、「３００部の著者買取り」などはよくある話です。ところが、この買取りに対して、頑固に「自分は著者なんだから、本を買い取るなんて絶対にイヤ！」と拒否する人もいますが、商売の常識的な感覚からすれば、「悪いけど、ちょっと協力してよ」ということです。

現実問題、本を出したら関係者に配ったり、講演やセミナーなどで使用するものです。著者として手元に本が無いという訳にはいきません。３００くらいの部数なら、著者としても出版社にとっても、双方にとって合理性があると言えるでしょう。

一方、「２０００部の買取」などを要求してくる出版社もあります。基本的に定価による購入なので、１５００円の本なら３００万円分にもなるので、これはもう「自費出版」と言うべき話です。

簡単に言えば、「ウチとしてはこの本を商業出版としては出せない」と言っている訳です。お金をもらって出すなら可能ということを暗に言っているので、「それでも出すか」「本の企画を変えるか」「他の出版社をあたるか」という判断が必要ということです。

いずれにしろ押さえておいていただきたいことは、**商業出版の形式の場合、関わる人たちは全員、「本がたくさん売れることによって、それに比例して収入が増える」関係性にある**、ということです。

一方、自分がお金を出して本を出す形式の場合は、「本がたくさん売れるかどうかは、基本的に収入と関係がない」ということです。

これからコンサルタントとしての出版戦略についてご説明をしていきますが、この出版をとりまく関係者の基本的な構図を理解していないと、自分が選択すべきことが間違ってしまいます。ぜひ、しっかり理解しておいてください。

第3章

コンサルタントのための仕事につなげるターゲット戦略

1 あなたの本が仕事につながるための絶対条件

センセイによって出版戦略は違う

さて出版業界の構図についてご説明してきましたが、なぜこのような面倒な話を先にしたかと言えば、これからご説明する「仕事につながる本の出し方」をご理解いただくためには、出版業界の基礎知識が不可欠だからです。

よく、「こうすれば本は売れる」的な、出版関係者の大きな声が聞こえてきたりしますが、そもそも論として、本が売れることと仕事につながることとは「似ているようで違う」という、当たり前の理屈を押さえる必要があります。

ですから当然のこととして、一口に「仕事につながる」と言っても、ビジネスモデルや立場が違えば、そのやり方はまるで変ってくることになります。

最も注意すべきは「似て非なる職業」の場合です。これは拙著の『あなたの知識や経験を、コンサルタントになって大きな稼ぎに変える法』でも詳しくご説明しているので、ここでは必要最低限のご説明に留めますが、「先生業の構図」によって、その営業方法も違えば、出版方法や戦略も、大きく違うということです。

世の中には「先生」と呼ばれる方々が実にたくさんいます。中でも、人前で話をしたり本を出される人は、税理士や社労士などのいわゆる士業の先生方や講演業、セミナー講師、学校の先生や塾講師、ゴルフやフラワーアレンジメントなどの趣味の先生、テレビやラジオなどにもよく出るビジネスタレント、アドバイザーやコンサルタント…など、実に様々な先生がいらっしゃいます。

多種多様な方々なのですが、世間一般では「センセイ」と十把一絡げに呼ばれており、この方々の商売繁盛についても「こうすればいい」と、まるで全部同じかのように成功法則が語られていたりします。

しかし実際には、その営業方法も違えば、ビジネスモデルも全く違います。私の他の書籍をお読みいただいていれば、似ているように見える職業でも、「サメとイルカの呼吸方法」くらいに違う、つまり生存方法もまるで違うということを、よくご理解いただいてると思います。そして、出版戦略においても、同様にまるで違います。

例えば、よく耳にする「本がたくさん売れれば、あなたは有名になって仕事が増える」という話。本書でもすでにご説明をしてきましたが、これが意味するところをちょっと、考えてみましょう。先生業の構図と照らし合わせてみれば、どのような違いが出てくるかは、一目瞭然となってきます。

次ページは、各先生の仕事の質や特性などを、分かりやすく四象限化し「先生業の構図」として示した、当社が考案した図表です。

とてもシンプルな図ですが、知的ビジネス、ノウハウビジネスなどを展開する先生業の方々にとって、「自分が展開するビジネスの戦略や方向性が明確に分かる」、「まさに羅針盤的な図」と大変評価をいただいています。

さて、「本がたくさん売れる」ということはどういう意味か、もう少し突っ込んで考えてみましょう。「たくさん」という言葉は、曖昧な言葉ですので、各社によってマチマチですが、先に申し上げたように、ビジネス書でいえば1万部以上、あわよくば10万部や20万部といった冊数が売れれば、出版社もホクホクの笑顔、ということです。

売上金額で言えばざっと、1千万円以上、もし1億円や2億円売れれば、一つの商品としては本当に嬉しいという数字です。

他の商売で考えても、なるほどといった数字だと思いますが、重要なことは、この数字目標を狙うとき、「読者対象の数だけ本が売れる」ということはまずない、ということです。つまり、見込み客が1万人の市場に商品を投入して、一人残らず全員が買って1万売れるということはあり得ない、ということです。当たり前ですよね？

「先生業」の構図

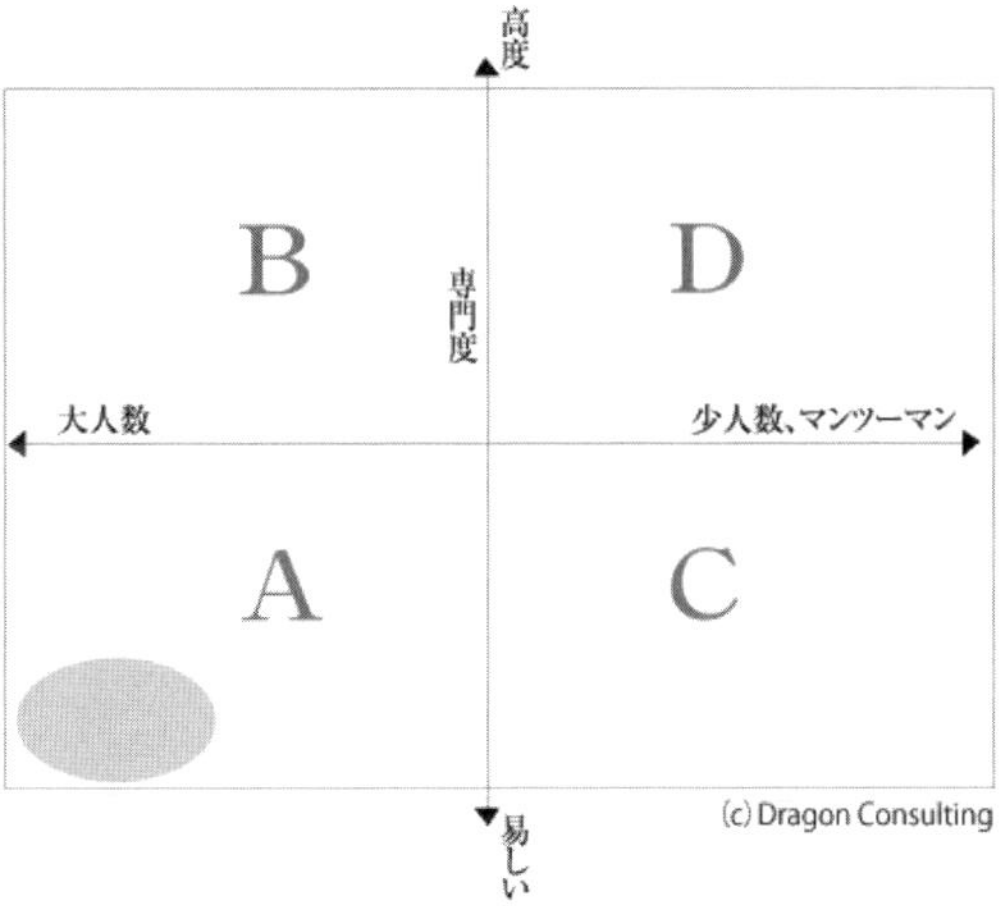

Aゾーン→　学校、学習塾、簡単かつ大人数で習うこと
Bゾーン→　簿記、経理、在庫管理、秘書講座、ビジネスマナー
Cゾーン→　ピアノやパソコン…お稽古ごと、個人レッスン、家庭教師
Dゾーン→　個別相談、個別対応、個別コンサルティング

では1万以上を狙って、あわよくば10万とか20万売れて欲しいと考えていれば、一体どうすればいいか…ということです。誰でも即答できると思います。「もっと見込み客が多い市場を狙えばいい」…と。実に単純明快です。

多くの出版社が考えることもまったく同じです。見込み客とは読者対象ですから、この数が大きいほど、本がたくさん売れる可能性も大きくなると考える訳です。では、読者対象としてボリュームがあるのはどういったところでしょうか？

本書はビジネス書を前提としているので、ボリュームゾーンとしては、「ビジネスマン」という大きなくくりがまず挙げられるでしょう。この他にも、「営業」や「接客」「オフィスワーカー」、「働く女性」「新人スタッフ」や「仕事でパソコンを使う人」…など、多くの人が対象となるくくりが考えられます。

ちなみに、テーマ設定と読者対象は一対のものですので、テーマを絞ればそれだけ読者対象も少なくなってしまいますし、広げれば読者対象も広がります。

ここでお気づきになった方も多いと思います。そう、多くの出版社が狙っているのは、読者対象がたくさんいる「ビジネスマン向け」、「社員向け」ということです。このため、書籍のテーマも必然的に、社員向けの本がたくさん作られる訳です。

あなたの本が仕事につながらない本当の理由

さて、最大の問題は、これらの社員向けの本を、果たして「社長や経営者が読むのか」ということです。コンサルタントの場合、仕事の依頼とはすなわち、「コンサルティング契約」です。ではコンサルティングの発注ができる人は誰か、もっと言えば「決裁権を持っている人」は誰か…ということです。

コンサルタントで、「売れれば有名になって仕事がくる」と、数が見込める「営業スタッフ向けの本」を出す人がいます。これが、本が売れても仕事につながらない理由です。

ただし、著者が「先生業の構図」でどのゾーンに属している人かによって、考え方はまるで違ってきます。例えば、同じ「営業スタッフ向けの本」でも、BゾーンとDゾーンの先生では、「仕事になるか、ならないか」が、まるで変ってくるのです。

単刀直入に言えば、Bゾーンの先生なら、こうした社員向けの本は「講演依頼」や「セミナー登壇」…といった形で仕事が舞い込んできます。それはズバリこの先生方にとってのお仕事ですから、まさに商売繁盛につながることになります。

もし10万部でも売れたら、相当な知名度になりますから、多くの講演依頼がくることになるでしょう。これはまさに、「本が売れたら有名になりますよ、有名になったら仕事が増えますよ」が本当に実現するパターンです。

最もハマるのは、講演やセミナー登壇のみならず、本人のキャラクターなども活かして新聞や雑誌、ラジオやテレビなどに出る「ビジネスタレント」の人たちです。講演や出演が収入源ですから、有名になればズバリ仕事が増えて、ギャラも上がる…という、絵にかいたような好循環になる訳です。

一方、会社や経営者を対象とした指導を行うコンサルタントの場合、言葉は悪いですが、サラリーマンにどれだけ人気になって本が売れたとしても、その人たちがコンサルティングを発注することはあり得ないので、仕事が増えることはまったく期待できません。

本が売れて講演依頼が来たとしても、そこに集まる参加者はやはりサラリーマンです。本の内容がそうだからです。決裁権を持っていない人がどれだけ集まろうが、そこでどれだけ熱く語ろうが、むなしい「契約ゼロ」が続くことになります。

この失敗は、出版戦略における致命的なミスが原因です。「本を出す前から確定」していたことです。本が売れる売れない以前の問題ということです。

何度も言いますが、

本がたくさん売れても、読者が自分のビジネスの見込み客でなければ何の意味もない

のです。

見込み客は当然、各々の先生のビジネスの立場によって、まったく変わります。ならば、Dゾーンの先生なら、「そこに合った対象の本を出せばいいのでは？」と思うかもしれません。そうです、その考えに間違いはありません。

しかし、ここで、「大きな壁が、あなたの前に立ちはだかる」ことになります。それは、「読者対象が少ない」という壁です。

「経営者を対象にした本」ということは、それだけ読者対象が絞られます。会社を思い浮かべてみてください。中小企業でも社員は10人とか１００人います。大きな会社であれば何千人や万を越えてくるところもあります。

しかし社長となれば会社に一人だけです。人数差は歴然です。一般的には、社長は１００人に一人くらいと言われているので、多くの出版社からすれば、「読者対象が少ない」つまり、「数が出ない＝売れない」と判断します。一般の出版社から、経営者対象の本が発行されることが非常に少ないのは、こうした理由があるからです。

経営者対象の本を出したくても、話を進めていく中で、幾多の企画が消え去っていったことか…。コンサルタントは、この壁を越える方法を見つけ出さない限り、「仕事につながる本は出せない」ことを、まず覚悟する必要があるのです。

「本が出る」という魔力

再度申し上げます。「読者対象が自分の見込み客と違えば、その本は絶対に仕事につながらない」――。

関わった方々にも再三、申し上げてきました。しかし、「本が出ました！」との嬉しい声のご連絡とは裏腹に、タイトルを見れば明らかに社員向けの本。確認のために中をパラパラと読んでみてもやはり同じ…。

もちろん、これがBゾーンの先生が出した本であれば何も問題はありません。しかし、コンサルタントの人が出したものであれば、「やってしまった！」ということです。残念でならないというのが偽らざる心境です。

これだけお伝えしても、「痛恨のミス」をしてしまうのには、大きな落とし穴があるからです。それは「本が出るかもしれない」という微妙な状況のとき、出版関係者がボソっとつぶやく、「こうするなら、本はだせますよ」という言葉です。例えば、

「対象を広げてビジネスマン向けにしてもらえれば…」
「このシリーズの本なら可能ですよ」
「タイトルがちょっと…。こんなタイトルなら出版できますが…」

「こんな内容をかける人を探しているんですけれどね…」
「この本なら、もっと売れるポテンシャルがあるので、修正すれば出せますよ」
「いま売れているのは○○のテーマだから、そういうのを書いてくれるなら…」

といったものです。

要は「**この条件を飲めば、あなたの望んでいた出版が実現しますよ**」という囁きです。自分が考えていた方向とは違う…とは分かっていても、ここで「はい分かりました」と、返事さえすれば出版が実現するのです。

しかも、「いや、そのタイトルでは…」などと逆らって、出版の話そのものが消えるとしたら元も子もなくなるかもしれません。特に、初めて本を出す人にとっては、夢にまでみた自分の本が出るか出ないかの瀬戸際だけに、これはもう「あがなえ悪魔の言葉」と言っても過言ではないでしょう。

賢明な読者の方々なら、「そんなバカげた返事などしない」と言われるかもしれません。しかし、現実にはこの「囁き」に負けてしまう人が後を絶ちません。実際、この説明をしている私自身、あやうくというか、元気よく「ハイ!」と返事をしそうだったくらいですから…。

こう言ってはなんですが、本をつくる側の編集者を20年以上していて、手の内を知りつくしている人間でも、「自分の本がでる」と思う瞬間には思考回路が狂うのです。言葉は悪いですが、出版業界の理屈もあまり分かっておらず、自分が出すべき本の戦略もしっかり定まっていないような素人が相手であれば、これは赤子の手を捻るよりも容易いことです。

ですから再三、申し上げているのです。「本を出すのが目的ではない」と。

要は、**出版の話を進めていく中で、目的がすり替わっていっているのに自分が気づいていないのが最大の問題**なのです。流れで言えばこうです。

1、クライアントを増やして商売を繁盛させたい

↓

2、新たなクライアントを獲得できる本をだそうと考える

↓

3、本を出すために、様々なアプローチをするがなかなか進まない

↓

4、本さえ出れば…と焦りもでてきて妥協がはじまる

5、本がでるも、仕事につながらない

一連の流れで言えば、3と4のあたりが一番の肝です。本を出したくても、遅々として進まないことはよくあることなのですが、ここで徐々に「本を出す目的」が変化していってしまうのです。

本来ならお客さんを増やすために本を出そうとしていたはずが、いつのまにか出版そのものが目的に変わってしまうのです。それは周囲の著者仲間や、出版関係者からの影響も少なくありません。

「あの人は本を3ヶ月で書いて、もう何万部も売れてすごい売れっ子になってるよ」とか「あなたはまだ本が出ないの？　遅いね…」、「編集者の人が言うくらいなんだから、あなたがこだわっているテーマは売れないのでは？」…などと言われると、どんどん焦りが募っていくものです。

こういう焦りが積み重なる中で、先ほどのようなフレーズを耳元で囁かれたら、どうなるか…。自分も経験していることですから気持ちは分かります。しかし、残念ながら結果は、「1ミリたりとも変わらない」ということだけは、覚えておいて欲しいのです。

2 出版テーマを決めるときの5大ポイント

ポイント1　自分の見込み客をターゲット化できているか？

さて、コンサルタントが自分の仕事につながる出版を実現させていくためには、長期的な「出版方針」と、個々の本の「出版テーマ」、大きく2つのことを出版戦略として決めることが欠かせません。

当社ではコンサルタントの方々の個別の状況に応じて、方針づくりから一冊一冊のテーマ設定など、しっかりした出版戦略をじっくり練っていくのですが、書籍では紙面の制約があるため、10ほどある「出版テーマの設定」のポイントの中でも、より重要度が高い5つについてご説明をいたします。ここが間違っていると、「絶対にアウト！」になってしまうからです。

まず最初のポイントは、最も重要なもので、「自分の見込み客を明確化＝ターゲット化できているかどうか」ということです。先ほどからお伝えしていますので、いわゆる経営コンサルタントの方々であれば、これはもちろん「経営者」であり、「決裁権を持っている人」ということになります。

「それくらい分かっている」と言われそうですが、なぜわざわざ再度申し上げてるかと言うと、ほとんどの人が明確化できているつもりでも、実際には全然できていないというのが現実だからです。

例えばあなたの見込み客とはどんな人ですか？　と尋ねてみて返ってくる答えは、「だから経営者ですよ…」といった感じです。

笑い話のように聞こえるかもしれませんが、本当の話です。本人的には大真面目なのかもしれませんが、「あらゆる経営者が対象」とでもいうのでしょうか。いくらなんでも、漠然としているのですが、それに気づいていないのです。

一方で、「社員数が30名くらいで、地方都市で20年以上、親の代から製造業を営んでいて、売上は10億円から15億円ほど、金属などの加工とかしていて黒字経営している会社の社長」といった返事をされる人もたまにいます。

確かに具体的と言えば具体的です。なるほど、「人物や会社を特定できるくらいに明確にしなければダメ」…などと教えている人もいるので、こうした教えに従って？　答えを返してきているのかもしれません。

しかし、一つお尋ねしますが、「あなたが具体的に表現したという会社は、他にどれだけありますか？」と。冷静に考えれば「日本中探して一体何人いるんですか？」ということです。

絞ればいいというほど、世の中単純ではありません。莫大な需要や市場があって、その中から、ユーザーの属性別に市場を細分化させる方法、これをセグメンテーションと言い、ある程度、有効な手法に違いありません。

しかし、根本的なパイがどれくらいあるのかを考慮せず、ただ闇雲に「具体的に明確化」を行ってしまえば、当然そこには「顧客対象がほとんどいない」ということが起きます。絞っていくのが、「地域」や「社員数」、「年商」「業種」「社歴」…など、ことごとく属性であることが細分化手法の特徴です。

重要なことは、自分のビジネスが、需要に根差しているものなのか、魅力に根差しているものなのか、正しく理解しているかどうかです。士業とコンサルタントでは、そもそもこの大前提が大きく違っていることを理解している必要があります。

これについては、当社のセミナーなどでも詳しくお話していますが、**「そもそも需要があるビジネスと、そうではないビジネスとでは、見込み客の捉え方はまるで違ってくる」**のです。そこが分かっていないと、例え同じDゾーンであっても、テーマ設定はまるで違ってきますし、勘違いしていると、「具体的だが対象者はほとんどいない」といった悲劇が起きるのです。

では、漠然でもなく、具体的に表現しても対象者がいなくならないターゲット化とは、一体どうすれば…ということです。いくつか方法があるのですが、その中でもお薦めの方法は、**「対象者の興味や関心など、心理面に焦点を当てる」**というものです。

分かりやすい例を挙げれば、「上場を考えている社長」などです。小さい会社でも上場を目指している社長はたくさんいます。いわゆるベンチャー企業で株式公開を狙っている若手経営者もいれば、息子がいないので事業承継の一環として長年営んできた会社を上場させたいという社長もいます。

他にも、「新卒採用を考えている経営者」や「事業承継を考えている社長」など、属性ではなく興味や関心で捉えることがポイントです。

「経営者」という言葉だけでは、そもそもどんな意識を持っているか、どんな事に興味と関心があるのかが一切伝ってきません。

本を書く上では、これは大きな障害となります。なぜなら、キャッチコピー一つでさえ、相手の関心がよく分からなければ書きようもありません。中身に関して言えばもう言うまでもないでしょう。「単なる詳しい説明」しかできず、参考書を読んでいるような内容になってしまいます。

読者を引き付ける内容、すなわち「自分の見込み客の人たちが気になる内容」とは一体何なのか、これが分かっていなければ書きようもない、ということです。

ポイント2　コンサルティングテーマと合致しているか？

ポイントの2つ目は、自分のコンサルティング、つまりバックエンドの仕事と出版内容が合致しているかということです。

馬鹿馬鹿しいと思う人も多いかもしれませんが、意外や意外、このミスが驚くほど多いのです。本が売れても、読者対象が合っていても、「仕事の内容が違うので頼めない」という信じられないものです。

典型的な例で言えば、社長向けに経済の話や時事ネタなどの本を出すと言ったものです。仮にたくさん売れたとして、しかも経営者が手にしていたとしても、自分のコンサルティングテーマと関係ない本であれば、「面白い本」でおしまいです。

それこそ「有名になる」かもしれませんが、それでどうするのか？ということです。この手の本は、出版関係者との立ち話や一杯飲んでいるときに、「あ、先生それ面白い話ですね、ぜひ本にしませんか？ すごく売れると思いますよ！」みたいな時に起こりやすいという特徴があります。

確かに、内容的には面白い本だったりするのですが、自分のコンサルティングテーマに関係なければ「仕事に繋がらない」のは当たり前のことです。もちろん、仕事が十分に廻っていて、特に仕事につながる本を出す必要もない、というのであればそれは全然問題ないでしょう。趣味の延長みたいなものですから、どうぞご自由になさってください、ということです。

しかし、そもそも「暴露本」的なものは要注意です。「読者を引き付ける」とか「すごく面白い」などと煽って、業界の裏話的なものを出させようとしたり、ユニークな過去や失敗談を出させようとする人がいます。冷静に考えれば「どうなれば、仕事につながるんですか？」ということです。

この手の誘いをしてくる人がいたら、第2章をぜひ読み返してみてください。あなたが仕事に繋がらない本を出しても、そんなことと無関係に商売的に得をするのは一体誰か、ということです。

ご説明したとおり、「あなたは、本が売れた分だけ得するという人たちに囲まれている」ということを決して忘れないでください。

自分の仕事につながるという条件を満たしていて、その上でたくさん売れたとき、はじめて彼らと利害関係は一致するのです。

条件を満たしていなければ、単に関係者を喜ばせるだけで自分は一円にもならないのです。下手をすれば「暴露本」によって、信用を無くしたり変なイメージがつき、見込み客を遠ざけてしまう危険性さえあります。本当に注意が必要なのです。

この、コンサルティングのテーマとの合致は、現実的に言えば「自分の商売のコアが確立している」ことが極めて重要です。自分のコンサルティングが商品になっていて、ビジネスモデルとして出来上がっているということです。

ビジネスとしてどう廻して、どうお金に換えているのか…。コンサルティングビジネスというものがしっかり確立していなければ、ほぼ間違いなく「出版したテーマを仕事にする」というアベコベのことがおきたりします。

一見、それでもよさそうに思う人もいるかもしれませんし、セミナーや講演がメインの先生であればそれもアリでしょう。しかし、二冊目、三冊目と出していく長期戦略を考えるとき、主軸が見えなくなれば、コンサルタント業としては非常に不利になります。「○○なら誰先生」という強みを自らつぶしていくことになるからです。

ですから、あくまでも自分のコンサルティングの中心が定まっていることが先決です。どういうコンサルティングを行っていくのか…があった上で、その趣旨に合致するテーマで本が出るところにターゲット戦略の意味があるのです。

チラシを出すたびに、毎回売り物が変わる飲食店だと、強くならないのと一緒ということです。この部分は極めて重要なので、後ほど詳しくご説明いたします。

ポイント3　おカネの匂いがするるか？

テーマを決める際、見込み客である読者が飛びつくものかどうか、これも非常に重要です。では、社長が飛びつくものとは一体なにか…ということですが、これはある意味単純です。何と言っても一番は、「おカネの匂いがするもの」です。

一応断っておきますが、実際の匂いと言ってる話ではありません。要は商売的に儲かりそうな話なのか、得しそうな話なのかということです。これが文字通り匂い立ってくるようなテーマであれば、社長はドンドン近寄ってきてくれます。

しかし注意が必要なのは、同じお金でも、「プラスのお金」と「マイナスのお金」がある点です。よく経営者向けのテーマとして、「コストダウン」だとか「経費削減」、「無駄撲滅」…といったことをテーマにしようとする人がいるのですが、これらはマイナスのお金の典型です。

支出を減らすことは大事なことであっても、事業をもっと伸ばそうと考えている経営者が本能的に必要としているものとは違うのです。どれだけ経費を削ったところで、会社を5倍10倍に成長させることはできないからです。

これはご自分の場合でも、「支出を半分に減らす方法」というのと、「あなたの収入を2倍にする方法」とで、どちらにより強い興味と関心がありますか？ということです。

お金に関して、人は思考や状況によって大きく2タイプに分かれます。がんばって働いても収入はほとんど変わらない仕事をしている人や、収入が低下傾向にある人ほど、意識は「おカネの流出＝コスト」に向く傾向があります。

一方、逆に工夫や努力が収入増に直結する仕事をしていたり、収入が増加傾向にある人ほど、意識は「おカネの入り＝インカム増」に向かう傾向があります。これは、もともと持っている性格や考え方によることがありますが、同じ人でも、その時の状況によって、変化したりします。

事業経営の采配を握っている社長の立場で、前者のタイプと後者のタイプ、どちらが、より積極的な経営を展開しているか、もっと言えば**お金を払ってコンサルティング契約をしてくれやすいか**…ということです。

こう言ってはなんですが、「コストカット」ばかりに意識が向いている人に、お金を払ってコストカットを進めてもらうのは心理的にハードルが高くなります。理由は単純ですね、「コストカットに支払うお金がもったいない」からです。

「お金を払って支出を減らす」この一種、矛盾に近いようなことをテーマにしているのが「マイナスのお金」です。これに近寄る人たちをクライアントにしようとすれば、どうなるのかということです。

本と一口に言っても、「情報」提供の本もあれば、「何ができるか？」「どう考えるべきか？」という、思考や判断の元を提供する本もあります。

コストカットの話で言えば、これはまさに「情報」の本であり、しかも、「マイナスのお金の話」です。このため、よほどの大きなコストダウンの方法でもない限り、その情報は「できるだけ安いほうがいい」と誰もが考えるのが普通です。

ですから、こうした思考が染みついている人たちは、ネットに出ている「無料」の情報でなんとかしようとするし、しかたがなく本を買おうものなら、「１５００円も払った！」などと言ってしまうタイプが非常に多いのです。要は「情報は安く提供されるべき」と、信じ込んでいる人種です。

世の中には色々な人がいますので、そうした人たちに特段何か言うつもりはありませんが、「売れるコンサルタントになって活躍したい…」と考えているのなら、お金を払ってくれるクライアントがいない限り絶対に成立することはない、ということくらい常識的に理解できないのでしょうか？　ということです。

こんな単純なことすら理解できない人は、「お金を払いたくない」→「お金を払ってもらえない」→「売れない」という悪循環から抜け出せず、延々ともがき続けることになるのです。

ポイント4　本質的に明るいテーマか？

出版テーマを決めるポイントの4番目は、テーマに内在する「本質的な明るさ」があるかどうかです。例えば映画で言えば、見終わった後、気分よくスカッとする映画と、何か心理的に引っかかったり、気分が落ち込んだりする映画の違い、と言えばお分かり頂きやすいと思います。

不思議なことに、日本では後者のものが比較的多い傾向にあり、小説でも歌謡でも、何か行き場のない苦しい内容というものが評価されたりします。「着てもらえないセーターなら編まなければいいのに…」などと言うとお叱りのお声がきそうですが、それはともかく、ビジネスとは無関係で、文芸や個人的な好き嫌い、趣味や趣向で言うのであれば暗い話でも全然、問題ありません。

しかし、これがビジネスの話となれば、そうは行きません。あなたの好き嫌いなど関係ありません。担当者レベルなら悲観論でも結構ですが、最高責任の経営者であれば、周囲の環境うんぬんによらず、多くの抱えている社員のためにも、関わる取引先のためにも、お客様を喜ばせて収益をあげていくことを諦める訳にはいかないのです。諦めるのは会社をたたむときです。

もっと言えば、**社長は、気楽に「やめる」とか、「ダメだ」、「諦める」…といった後**

ろ向きの話をしてられるほどヒマじゃない、ということです。何がなんでも明るい未来を作り出していかなければならない、超現実的に責任ある立場だからです。

仕事柄、多くの経営者の方々と接してきましたが、社歴が長い会社の社長ほど本質的に明るい人が多いと感じています。儲かる商売ができているから社歴も長いとも言えますが、別の見方をすれば、「儲かる商売ができない悲観的な人は、淘汰されていっている」とも言えるでしょう。

この辺りは、「ニワトリが先かタマゴが先か…」みたいなところがありますが、それだけ「おカネ」と「明るさ」の関係性は強いということです。実際、ほとんどの場合、先のポイント3の条件を満たしているテーマ設定ができていれば、このポイント4の条件は、自ずと満たしていると思います。

注意するとすれば、双六でいう「あがり」となる、会社の手じまい系や売却系の場合です。大きなお金を手にして、しかもハッピーになるのですから素晴らしいでしょう？と考えるかもしれませんが、ことはそれほど単純ではありません。

確かに気になるテーマの一つと言えますが、会社には社員がいて、取引先も絡んでいます。もちろんお客様もいます。大手を振って「やめる」とか「売った」とか言えるかどうか…ということです。

こうした「言いにくいテーマ」というのは、どれだけお金が絡んでいて明るそうに見えるものでも、扱いには慎重さが必要です。極端な話、相手からすれば本の購入に限らず、セミナー等に参加することも、関係者には絶対に知られたくないと思っているかもしれないからです。

男性の場合、カツラや植毛を例にすれば分かりやすいかもしれません。それを利用することで明るい未来がやってくるとしても、チラシや小冊子などを握りしめているところは見られたくないと思う人が大半でしょう。当然、お店に出入りしているところや、何かのきっかけでバレるなんてことは絶対に避けたいはずです。

女性の場合でも、スッピンを見られたくないとか、努力しているところを見られたくないとか、様々な理由でスポーツジムに通うところを見られたくない…という人は大勢います。こうしたビジネスの場合、利用者の心理をよく理解していなければビジネスは成り立ちません。

お店を出すにしても、一般的なプライバシー対策より、数段上の対策が当然求められる訳で、「目立たない工夫」や「他の人と接触しない仕組み」、「秘匿性」…など、細かい気づかいは必須と言えます。

もしあなたのコンサルティングが、こうした気遣いの必要性があるテーマであれば、対策も当然必須ということです。こうしたことは、本のテーマ設定の段階というより、コンサルティングのテーマ設定の段階の問題です。だからこそ、当社では大前提として「コンサルティングの体系化」を強くお伝えしているのです。

一口にコンサルタントと言っても、他の社長にドンドンお薦めできるコンサルティングの場合もあれば、気遣いもそうですが、ライバル企業には教えたくない、バレたくない…といったコンサルティングの場合もあります。

ちなみに、当社の場合も、「コンサルタントの自分が、誰かに聞きに行っているということを知られたくない」、と思う方もいらっしゃるハズと考え、創業当時からコンサルティングを実施する場所は東京都内に開設していますが、その住所等はご依頼を頂いた方以外にはお知らせしない非公開のスタイルを取っています。

これは、お越しになる方が万一、誰かと鉢合わせになったり、「あれ？あの人見たことある人だけど、このビルに入っていったということは？」などといったことが無いようにと考え、実施していることです。

実際、お越しになる方の中には、テレビやラジオ、全国紙などによく出るような方もいらっしゃいますので、こうした仕組みは欠かせないと思っています。

ポイント5　一過性ではなく長期的なテーマか？

五つ目のポイントは、テーマの本質が長期的なものかどうか、という点です。

よく、売れる本を出したいがために、いま話題になっている内容や、注目を浴びている事象をテーマにして本を出そうとする人がいます。

これは、著者本人だけの問題ではなく出版社側も、売れる本を出したいがためについつい煽って…といった理由もあるでしょう。なにせ出版社とすれば「売れなければコストも出ない」訳ですから当然と言えば当然です。

ですから、とにかく数がでればいいとか、一発屋で終わってもいいとか、歳をとっているのであと1、2年だけ仕事がくればいいと言うのであれば、一過性のテーマの本を出してもいいでしょう。

しかし、あなたが5年10年とコンサルタント業で成長していきたい、そして本書が示す複数の本を出していき、自分の城を築いてくような大きなビジネス展開を望むのであれば、そもそも「**テーマ設定自体が長期に耐えうるもの**」でない限りは、この望みは絶対に実現することはありません。

要は経営の本質的なもの、これがテーマになってるかどうかということです。作業ベースやパーツ、販売促進の一手法といったものがテーマであれば、余程の零細企業でもない限り、対象は担当者になりますし、今年や来年に起きることをテーマにしているとしたら、それは現象面への対策であり、所詮は一過性のテーマということです。

経営者が考える戦略レベルとは、5年10年といった時間軸のものです。少なくとも3年の時間軸で「どう手を打っていくのか…」を考える訳で、これは言ってみれば現場の実務とは違う次元のものです。

そもそもここがズレていると、テーマ的には結構いい線いっていても、書く内容や書き方で、「担当者レベルの本にズリ落ちてしまう」、ということが起きてしまいます。

長期的なテーマにするためには、**一過性のものや現象面を、そのまま扱うのではなく、これを汎用化して戦略として使えるように、いわば思考のレイヤーのレベルを一段から二段上にして捉えてテーマ設定する、という変換が重要**となってきます。

これらは、自分のコンサルティングを体系化する際にも必須のことです。販促指導の先生と、販売戦略や事業の大きな展開戦略を指導できる先生との違いと言えば、ご理解いただけるでしょうか。

素材としては非常に良いモノを持っているのに、この変換の部分で一過性レベルや担当者レベルのままコンサルティングをしようとしたり、本を出してしまっている人がいるのは、本当にもったいないことです。

3 難関を突破して自分の望みを叶える出版実現法

ダメ著者の典型例

コンサルタントが自分の仕事につながる本をだすためには、様々な条件を理解し、さらに制約を突破する必要があることをご説明してきました。

なるほどと思っていただければ幸いですが、一方で「それは分かったけれど、一体どうやって問題を突破すればいいのか…」と悩まれる人も多いと思います。

もちろん、その方法をこれからご説明していきますが、その前に、少し前職時代のことをお伝えしておきます。一つの例ではありますが、編集者という人が、どんなことを考えているのかをご参考にしていただきたいと思うからです。

例えば、編集者として仕事をしていたころ、著者探しのときに、「ちょっとやっかい」だと思っていたことがあります。

「著者を探すのが大変だった」などと言いたいのではありません。素晴らしい著者を探してくる、それもまだまだ未発掘の著者を探し当てるのは当然、簡単なことではありません。目利きも必須です。

経営者対象の本をつくるのが仕事でしたから、経営者が欲していることに敏感でなければ話になりません。書籍になる新たなテーマ探しのために、新聞や雑誌、他の書籍は当然のこと、様々なセミナーや展示会、経営者の集まりに行って情報を伺ったり…。大袈裟ではなく、本当に全国各地に先生を探しにいきました。ですから、「著者探し」が大変なことは百も承知のこと。これを「やっかい」と言っている訳ではありません。

では、何が「やっかい」だったかと言うと、著者探しの過程で、例えばビジネスセミナーやパーティー会場などで名刺交換をした際、こちらが編集者だと分かると、ほとんど見境なく近寄ってくる人が本当に多かったのです。言葉は悪いですが、この「露払い」がやっかいだったのです。

見境なく…はいくらなんでもと思うかもしれませんが、当の編集者側からすれば、まさにこの心境です。例えば、こんな感じです。


「テーマを言ってもらえば、何でも書きますよ」

「御社はビジネス書ですよね、営業スタッフ向けの本を書けますよ」

「おたくで出せば新聞に出ますよね、これから独立するのでお願いしますよ」

「これからは女性向けが売れますよ、女性スタッフ向けの本出しませんか?」

「経理担当者向けの本で○万部売れています。御社でもどうですか?」

「年間に講演を100回以上やっているので、文字お越しですぐに本だせますよ」

「御社で出しているあの本の、廉価版を出しませんか？」

「もっと社会正義になる本をだして無料配布すれば、多くの人に知られますよ」…


といったものです。これらは実際に、直接言われたことがある言葉です。

カンが良い人なら、「いや〜これ、随分ヒドイ人ですね…」と分かってくれると思いますが、前職の背景を知らないと理解しにくいものもあるかもしれません。

少し補足すると、本書第一章で、前職の会社のメイン事業は、「中小企業の経営者向けのセミナー事業」とお伝えしました。これに伴う出版、企画編集の仕事をしていたのですが、このため読者はセミナーと同じく、中小企業の経営者となります。

ですから、読者対象に合致しないテーマの本を出しても当然、売れません。理由は販売に関しても経営者にダイレクトメールで直接ご案内し、購入してもらうという手法を展開していたからです。その売上比率は7割から8割くらいあり、全国の書店に並べて買ってもらう比率が極端に低いため、作れば「もしかしたら売れる？」ということは、ほとんど期待できなかったのです。

書店には、様々な人が訪れます。本来の読者対象ではなかった人も「たまたま」本を手にしてくれることもあります。「偶然の出会い」とも言うべき売れ方ですが、読者対象を広げていたり、有名な人の口コミがあったり、多くの書店店頭で大きく陳列されたりすることで、この偶然は大きくなったりします。

いわゆるベストセラー、中でもミリオンセラー（１００万部）になるような本は、「普段は本を読まない人」とか「本来の読者対象以外の人」が多数買うことによって、部数が桁違いに伸びる…というのが、業界では通説になっていることです。

しかし、いま申し上げたとおり、偶然の出会いを期待できない出版に携わっていたため、顧客対象にピッタリの本をつくるしかありません。それも、ダイレクトメールで買ってもらおうというのですから、コンセプトや中身に関しても、極めて明快になっていなかければ案内のパンフレットすら作れません。「詳しくは手にして、本をパラパラっと見て…」ということは通信販売なので不可能なのです。

もう言うまでもなく、企画編集者として探していたのは、「経営者向けの本を書ける人」、もっとハッキリ言えば、「経営者向けの新しいテーマを持っている人」ということです。これに合致しなければ、自分の役目上、本をつくる意味がないのです。この前提に立つとき、いかに先ほどの言葉が、「やっかい」か、ご理解いただけると思います。

出版社に嫌われる人の共通点

そもそも、「相手とビジネスをしよう」と考えているなら、相手の会社の事業内容や商品、サービスについてある程度調べるのは、「仕事の基本中の基本」と言えることです。もしあなたが営業部長で、部下が相手先企業のことをまるで調べずに営業に出ようとしていたら、どう思うかということです。

大昔ならいざしらず、ネットでちょっと検索するだけでも、相手の会社情報、商品情報などは調べられるもの。それもまともに調べずに、まさに一方的に売り込んできているのが、先ほどの人達ということです。要は、「これを買え」といわんばかりに、「自分の本を出してよ」と言っているに過ぎないのです。

もちろん、著者側に立てば、自分の本を出してもらいたい…という気持ちは、よく分かります。いきおい、猪突猛進がごとく、熱心になっているのかもしれないし、関わっている誰かが、「自分の熱意を示さないと、出版の夢は叶わないよ」などと吹き込んで、著者たちを奮い立たせている場合もあるでしょう。

しかし大事なことは、著者側が全額費用を出す自費出版ならいざしらず、商業出版なら出版社が身銭を切って本を発行するのです。**ビジネスとして出版が行われる以上、出版社側にもメリットがない限り本の話が始まることはあり得ない、**ということです。

メリットとは、先の例でいえば「読者対象である、経営者向けの新しいテーマを持っていて、それで出版して儲けられる」ということです。

ここで、「テーマを示してくれたらそれを書く」ならOKなのでは？と言う人がたまにいるのですが、ちょっと考えてみてください。

いわゆる一般向け、広くビジネスマン向け、もっと言えば新入社員向けの本などであれば可能かもしれません。言葉は悪いですが「ある程度の社会人であれば、誰でも書ける」からです。内容的にも当たり前のことやオーソドックスなことで十分だからです。

しかし前職の場合は読者対象は経営者と決まっているのです。端的に言えば、あなたは、自分が専門としていない分野で、経営者が本を読み終えた後、「あなたにぜひ依頼したい」と思ってもらえるような内容を書けますか？ということです。

正直な話、「自分の専門分野でも腰が引けそう…」というのが、これまでにお会いした方々の率直なお言葉でした。これがまともな感覚だと思っています。

翻って、「テーマを言ってもらえれば、何でも書けますよ」とは、ある意味「よくまあ、そんなご冗談を…」と、本当に神経を疑うような言葉であり、実に薄っぺらいことを言う人だなと思ったものです。

そもそも論として、ビジネスマンと経営者では対象がまるで違います。対象がまるで違うテーマで本を出そうと言われてもこちらは商売になりませんし、なぜこれから起業する人の後押しのために本を作って広告してあげなければいけないのかも分かりません。

既に出版している本を安く出すのに、なぜ違う著者を使うのかも意味が分からないし、社会正義をちらつかせて本を無料配布して、一体その費用は誰がねん出してくれるのか…に至ってはもはや寝言の領域です。先の人達の言葉が、どれだけおかしいことを言っていたか、ご理解いただけたでしょうか…。

ダメな著者、ダメな本しか出せない人の共通点はここです。相手の出版社のことを、まるで調べずに一方的に売り込んでいるのです。ビジネス感覚も無いため、嫌われたりバカにされたりします。

極めて自己中心的なため、本がでないのは「この良さが分かっていない!」などと相手を責めることばかり。出版社は本を出した人のために仕事をしている訳ではありません。ビジネスをしていることを、絶対的に理解していなければ、双方にとってメリットのある出版など、夢のまた夢ということです。

編集者の痒いところはどこか？

ほんの一例として、編集者の考えていることをご説明しました。もちろん、一般的な出版社とはちょっと違うため、特殊な面があることは間違いないでしょう。しかし、大事なことは、「ビジネスをする」という感覚です。これだけはどんな出版社にも共通していることです。これをご理解いただきたいのです。

出版社は、決してあなたのためのボランティア会社ではありません。あなたのために、タダで仕事をすることもなければ、あなたの喜ぶ顔みたさに動くこともありません。何度も言っているとおり、ビジネスとして考え、行動しているのです。

だから、著者側も明確にビジネスとして考えることができなければ「商談」が成立することはない、ということです。実に単純ですよね？

商談するためには、「相手の会社を調べる」ことは当たり前です。「原稿を買ってもらう」と考えれば理解が早いでしょう。実際、出版社は原稿を買ってその使用料として著者に印税を払うのです。だからこの感覚が分かっていなければ、どうにも上手く進まないのです。では、どこなら買ってくれるか？

相手の会社の「方針」や「ラインナップの傾向」、「発行のタイミング」、「売り方」、「価格帯」、「広告などの出稿具合」、「他の商売をしているかどうか」…などは、事前に調べるのはビジネスマンなら必須と言えるでしょう。

さらに言えば、自分の原稿がどんな形の本になって発売されるのか、出版社はどうやって売っているか、広告はどうか、扱いやすいものはどんなものか、自分と相手の双方のメリットは明確になっているか、本の発行に付随して協力できることはあるか…など、最低限これくらいは考えたいものです。

もし、こういう下調べも提案もなしに、「本を出して欲しい」と一方的に言うとしたら、ボランティアやオママゴトじゃあるまいし、大人のビジネスの話としては絶対ありえないということは、もうお分かり頂けたでしょう。

多くの人が陥りやすいのは、「著者」という言葉からくる、何か「自分は特別」という壮大な勘違いです。

「著者なんだから自分は偉い」とマジメに言っていた人もいましたし、本を「自分の芸術作品」がごとくに勘違いしていて、妙な指示をたくさんする人もいました。「本がでれば君のところは儲かるんだろう?」くらいに考えているのでしょう。

こうした人は、さながら、「自分は絶世の美女」がごとく、自己中心的な傲慢な行動を連発します。正直、実にもったいないことだと思います。普通のビジネス的感覚で行動すれば、もっと協力が得られ、多くの果実が手にはいるのに、勘違いしているばっかりに、ちょっとしか手に入らなくなっているからです。

ぜひ考えてほしいことは、自分が仕入れる側、買う側であれば、どういった商品が欲しいか、またどんな心理状態になるか…ということです。

先にも述べましたが、一般的に編集者は想像以上に忙しいのです。その立場を考えたとき、「どんな商品なら仕入れたくなるか」…ということです。

あなたが忙しくて、テンテコ舞いになっている仕入れ担当者だとして、売り込みにやって来た人が「これからあなたのアドバイスを受けながら商品をつくりますので、扱ってください」と言われたらどう思いますか？

なんだかピンと来ませんし、企画書もイマイチよく分からないものだったら、「忙しくて必死なのに、なんで売れるかどうか分からない物のために、時間を割いてあなたに付き合わなくちゃいけないの？」と思っても不思議ではないでしょう。

もっと言えば、「売れそうな物、もってきてよ」とか、「いちいち、こっちに訊かないでよ。あなたが商品持ってきてるんでしょう？」…と。

そう、表だって言わないかもしれませんが、仕入れや買い手の担当者であれば、基本的に同じことを誰でも考えるものです。編集者も同じなのです。

編集者に大目にみてもらう裏技

ですから、「出版企画書を磨かなければダメだ」という人もいます。忙しい編集者に見てもらうんだから、Ａ４一枚に収めて、要点がスバリわかるようにまとめなくてはならないし、驚きや新しさがなければ目に止まらないのでボツになるよ…といったものです。

実際、企画書づくりを専門に教えている人もいるくらいで、これはこれで分かる話です。要点を得ない企画書を渡されても、編集者は困るだけだからです。

ただし、いくら技巧的に企画書をいじったところで、編集者は企画書を年がら年中見ています。それこそ年間に数百枚単位で見ている人も珍しくありません。中身があるかどうかくらいは、一発で見抜きます。

テーマも中身もしっかりしているのに、表現やアピールの仕方が下手なばっかりにこれまで見向きもされていなかったという場合は、確かに企画書の見せ方でチャンスをつかめることもあるでしょう。

しかし、しょせんは表面的なもので付け焼き刃…という程度なら、この努力は無駄以外の何ものでもありません。そもそもの企画を考え直さなければならないことはもとより、出版戦略を練り直すほうが、よほど近道となります。

一方で、ある程度、企画がまともで中身がしっかりしているのであれば、編集者の心理状況を踏まえることで、「取り扱ってもらいやすくなる」という裏技的方法が幾つかあります。元編集者だからこその感覚なのですが、その中でも代表的なものを挙げれば次のようなものです。

ウチが出したいと思う本とは少し違うのはわかっているが、手間いらずで本になるなら、「まあ、ちょっとくらいいいか」というケースです。ポイントは、文字通り「手間いらず」というところです。

正面切って企画書を磨くという方法も決して否定しません。しかし、Bゾーンの先生ならともかく、Dゾーンのコンサルタントの方々の場合、表玄関から入っていって望みどおりの本を出すというのは、正直なところ、ご想像されているより「難易度は高い」と思ってください。理由は先に述べたとおりで、読者対象が狭いことや出版社が考えていることとの隔たりが大きいからです。

厳しい条件下で、望みに叶った出版を実現させるためには、裏口とまではいいませんが、「知恵と工夫を凝らしたアプローチ」を考えるのは、ビジネス的にも必要ということです。その有力な方法の一つが「手間いらず」ということです。

編集者にとって手間がかかる…とは、「著者との打ち合わせ、やり取りで時間がかかる」とか、「原稿の修正指示、やり直しが何度も必要になる」、「方向性が定まっていないので考えなくてはならない」、「そもそも出版のことを分かっていない著者なので、教えながら進めなくてはならない」…といったことです。

本来の仕事からいえば、これらは職務上当たり前とも言えるのですが、大きな声では言えませんが、やはり手間がかかるし面倒なのです。

逆にいえば、ここを省けるのであれば、「ちょっとくらい大目にみても…」という可能性がでてくるという訳です。断っておきますが、絶対などとは決して申し上げられません。「可能性があがる…」くらいに思ってください。

こうした「完成原稿」の話を申し上げると、必ずといっていいほど「完成原稿なんて送っても、まず相手にしてもらえない…」という人が出てきます。ムダだからやめたほうがいいというご意見です。

矛盾しているようですが、このご意見にも、強く同意する部分があります。前職の編集者時代にもたくさんの原稿を「送りつけられた」経験があるからです。

こう言ってはなんですが、本人的には「完成原稿を送っている」つもりなのでしょう。しかし、こちらがそもそもどんな出版をしている会社かロクに調べもせず、しかも、内容はお世辞にも完成度が高いものではなく、対象者もまったく違うもの。当然のように知らない人でアポ無しの「送りつけ」です。

簡単にいえば、「どこでもいいから出版してくれるところがひっかからないか」と、原稿を多数の出版社に手当たり次第に送りつけたのが見え見え…というパターンです。これで、「完成原稿なんて送っても…」、と言われても、「そりゃダメでしょう」としか言いようがありません。

粗悪な原稿や、日々のブログをプリントアウトしただけ、何の驚きも斬新さもない内容、単なる自慢や自己満足の原稿…など、要は編集者からすればゴミにしか見えないものであれば、出版が実現する可能性はゼロとしか言いようがありません。

「完成原稿をつくる」ということは、決して簡単なことではありません。時間も労力もかかります。どこの出版社なら相性がいいか、担当者は誰かも含め、事前調査は欠かせません。しかし、ビジネスで考えれば担当者を調べてアポを取ったり、誰かに紹介してもらえないかと考えるのは当然でしょう。他ならぬ経営の指導をするコンサルタントであれば、ご理解いただけると思います。

難易度は高いかもしれませんが、その分効果は絶大です。本書の冒頭でご紹介したKさんはもちろん、前著などでご紹介したFさんやその他、関わったコンサルタントの方々には、「完成原稿」を用意することを強くお薦めしていますが、この「出来上がった手間いらずの原稿」の力により、初めての出版、しかも経営者対象の本という非常に高いハードルにも関わらず、望みどおりの出版を実現させたケースは数多くあります。要は、品質とやり方次第、ということです。

なんといっても「自分の希望に沿った出版が実現する」「お客様を増やせる出版を実現できる」「本当に強い武器を手にできる」という大きなメリットがある訳ですから、これに挑戦しない手はありません。

当社では出版に関するご指導も行っていますが、当然ながら、お一人お一人、書くべき内容は異なります。杓子定規で済む話ではありません。その方が、これまでに積み上げてきた知識や経験、ノウハウといったものを最大限活かしながら、独自のコンサルティングビジネスを展開していくための重要な道具だからです。

このため、最も重要なコンサルティングの核となる「キラーコンテンツ」の設定に始まり、お客様を増やしていく経営導線の設計、道具としての出版戦略の策定など、コンサルティングの体系化は必須となります。

確かに時間はかかります。しかし、これらを踏まえることで、本書冒頭でご紹介したKさんのように、**「自動的にお客様が増えるコンサルティングビジネス」が稼働し始める**のです。その結果が、5千万円プレーヤーや1億円プレーヤーということです。

完成原稿のメリットは、他にもたくさんあります。例えば、「球数が足りない」というときに、急遽繰り上げ当選する、というものです。

出版社では年間の「売上目標」や「発行点数」の目論見があることは先にご説明したとおりです。計画があってそれに沿って出版作業が進められていっているのですが、どこの世界にも、「計画通りに進まない」ということが起きるもの。出版社全体としての場合もありますが、編集者単位でも予定していた著者が「原稿が遅れている」ということもあります。ここにチャンスがでてくるのです。

ちなみに、まともな編集者であれば、原稿が遅れる著者がいることを見越して、多めに声がけをしていたり、球数にも余裕を持って仕事を進めているものです。しかしそれでも「今期の目標達成が危ない」とか「なんで遅れる著者が続出するの？」といった想定外の状態になれば、悠長なことは言ってられない…ということが起きます。このとき、「完成原稿」が目の前に現れたら…ということです。

「多少のことには目をつぶって…」というのは、担当者なら誰でも思うことでしょう。むしろ「ありがたい」と思ってくれるかもしれません。会社としても売上がつくれるなら、「急いで出せ！」と編集長が指示するかもしれません。こうした状況は、正直なところ、狙ってできる話ではありません。しかし、用意していたからこそ舞い込んできた、そしてつかめたチャンスなのです。

タイトルへの魔法のかけ方

出版を実現する実務テクニックの中で、本の企画に関するものもあります。端的に言えば書籍タイトルです。

出版において書籍タイトルは最重要とも言えます。極端な話、タイトルを聞いただけで、「あ、それOK。出しましょう！」なんていう場合も、実は少なくありません。企画書も出版会議も全部すっ飛ばして、いきなりOKになったりすのですからほとんど裏口みたいなものですが、編集長クラスだと裁量権もあるので、「OK＝出版」もあるのです。

ただ一応、周囲の目もあるし、好き勝手にやっていると思われてもマズいので、出版は確定しているけれど、手続き上「企画書出して」とか「出版会議でカタチだけ通して…」といった、後からさかのぼって手順を踏むことはあります。実際、このようなことは前職時代にも何度も経験しています。

ですから書籍タイトルというのは極めて重要なのですが、問題は「Dゾーンの先生にとっては対象者が狭い」という点です。これをそのまま表現すると、例えば「社長のための…」とか「○○業の経営者がやるべき…」といった感じになりやすいのですが、よほど理解力のある出版社ならともかく、大抵の場合は「狭い」と感じて出版に至らないということになってしまいます。

かといってビジネスマン向けや社員向けにすると、これは数は見込めても対象がズレてしまうので、これまたアウトです。ではどうするか…。

出版の可能性を広げる一つの方法は、「見込み客が含まれるようにして、それを願望として考える人をとらえるように表現する」ということになります。具体的に言えば次のようなものです。

「○○商売で成功したい人のための…」
「経営リーダーになって業績を伸ばすための…」
「経営者になって活躍したい人のための…」
「人前で話をする立場になったら…」
「●●の手法で商売繁盛を実現させたい会社の…」
「経営トップが考えるべき、新手法…」

といった感じです。

僅かと言えば本当に僅かな差なのですが、見込み客は入ったままで、少しだけ間口を広げる…という点がポイントです。

どこまで理解してくれるかわかりませんし、出版社としては「まあギリギリだけど…」という感覚かもしれません。しかし、この方法で出版が実現したケースはまんざら少なくありません。そして出版が実現した中には、想定を遥かに越えて、5万部以上も売れた本さえあります。

同じ5万部でも、読者の中には見込み客がしっかり含まれた5万部です。もっと言えば「未来のクライアント」が入っているため、こうした出版を実現させたコンサルタントの方々は大繁盛しています。

最初はなかなか上手く設定できないかもしれませんが、これはコンサルティングの中身にも強く影響してくる重要なポイントです。テーマや書籍タイトルを考えるときに、ぜひ参考にしてみてください。

次章ではコンサルタントの出版戦略の根幹となる、石垣を積み重ねて頑強な基盤を築いていく出版の実務と手の打ち方についてご説明していきます。

第4章

自らのステージを確実に築いていく「築城型」のすすめ方

1 出版は、絶対に単発で考えてはならない

一過性で終わる人と自らの地位を築いていく人の違い

さて、出版を実現させても、その先に大きな分岐点があることを忘れてはなりません。それは、本がどれだけヒットしたとしても、それが単発の、いわゆる「一発芸人」のようになってしまえば、タレント業ならいざしらず、コンサルタント業のビジネス展開としては、非常に難しくなってしまことです。

「あの人は、アレで全部だからね…」となれば、この業界においては、「知識やノウハウの無さ」を意味することになりかねません。コンサルタントという仕事柄、それも、会社を代表する経営者を指導しようという人が、「アタマ悪そう」と思われたら、一体どうなるか…ということです。

一方、一つ一つの本はそれほど売れていなくても、3冊、5冊とシリーズ的な本を戦略的に出していき、「そのカテゴリーにおける専門家」という地位を確実に築いていく人がいます。気づいた時にはこの分野では第一人者…というパターンです。

どちらがビジネスとして有利かは言うまでもないことでしょう。重要なことは、「一冊の本をどれだけ売るか」の単発で考えているのか、自分のビジネスに照らし合わせて総合

的な判断に基づいた「布石としての一冊」で考えているかの違いです。重要なポイントは、**複数の本をもってして「戦略的に塊にしていく」**ということです。

これを当社ではターゲティング出版の根幹となる「築城法」と言っていますが、例えて言うなら「単発の映画」と「シリーズの映画」の違いと言えば分かりやすいと思います。

どれだけ映画がヒットしても、それが単発モノであればビジネス的な広がりは極めて限定的になってしまいます。毎回毎回、テーマもジャンルも俳優も変わります。監督の評判もそれほどあがらないでしょう。

一方でシリーズ展開された映画はファンの厚みも変わってきます。テレビや雑誌での取り上げられ方も違いますし、映画に関連したグッズ展開やイベントなど、ビジネス的にも様々な広がりが考えられるようになります。

こうしたことをお伝えすると、「それは売れたからできたことでしょう？」と反論してくる人が必ずいます。確かに結果論なのでそう見えるかもしれません。しかし、重要なことは「意図していたかどうか」という点です。売れるかどうかは、ある程度やってみなければ分からないことですが、その後の展開を大きくできるかどうかは、「事前に考え抜かれた戦略」の有無によって決まるからです。

もし、意図した戦略がなければ当然、場当たり的な対応にならざるを得ません。どれだけ体面を保って「考えていた風」を装ったとしても…です。

一発屋の弱点はまさにここです。どれだけ後から考えても、出してしまったものは引っ込めませんし、逆戻しは不可能なのです。ツジツマが合わなくなるからです。

誰もがご存知だと思いますが、スターウォーズという有名な映画があります。1977年に第一作が公開されたのですが、後に「実は全体では9部作（6部作との話もあります）」あり、最初の映画はエピソード4だったとして、その後数年おきに続編が公開され、40年以上もファンを魅了し続ける空前のシリーズ映画です。

今でこそ誰もが知る映画になっていますが、第一弾のときは当然ながらまったくの無名です。一作目がヒットしなければ、続編が映画化されることはあり得ない状況です。撮影には莫大なお金がかかりますが、売れない映画のためにお金を払ってくれるスポンサーなど、どこにもいません。

だから当然ヒットさせなくてはなりません。しかし一方で、俳優が歳をとっていくことに対するつじつま合わせや、当時の撮影技術などを考慮して、第4話からやっていく…という事業プランを考えていたことは、特筆すべきことです。

壮大なスケールで描かれる宇宙の冒険活劇ですが、それを仕掛ている側も驚くべきスケールでビジネス展開を考え抜き、一手一手を打っていたのです。この「構想力」こそが、ビジネスの成功を手繰り寄せたことは間違いないでしょう。

一方、見た目上、似たように続編が多数つくられた映画は多数あります。しかし、最初の構想が無い、またはいい加減にしか考えられていない…といった場合、次々に「ツジツマが合わない」といったことが起きてきます。

一つ目の作品にベストを尽くしたのかもしれませんが、「売れたから作る」が露呈して、一度死んだはずの主人公を続編でむりやり生き返らせたり、時代背景が強引に変えられたり。そんな設定無かったハズが突然加えられていたり…。どの映画とは申し上げませんが、「そういえば…」と頭に浮かぶものが数多くあると思います。

たかが映画と言ってしまえばそれまでですが、「あれ？」と思うようなことが見つかれば見つかるほど、無理やりなところが分かれば分かるほど、「所詮は子供だまし」と思われて、ファンは失望して離れていくことになります。

なぜそこまで無茶なストーリーにしなくてはならなかったかと言えば、最初に考えていなかったからです。いかに優れたプロの脚本家でも、時間を逆回転させてツジツマを合わせることは不可能ということです。

出版は事業戦略に通じる

いま映画を例に「構想力」について申し上げましたが、映画に限らず、書籍でも音楽でも小説でもテレビ番組でも一緒です。もっと言えば、住宅でも旅行でもホテルでも、家電でも食品でも、あらゆる商品・サービスにおいて、大きな成長発展を実現するには「考え抜かれた事前の戦略」や「構想力」が欠かせないということです。

これは、深く経営指導に携っているコンサルタントの方々であれば、戦術ではなく戦略レベルで考え抜いた事業の一手を打っていくことが、いかに重要かお分かりいただけると思います。要は販促レベルの打ち手なら、その時パッと売れたとしても、大きな事業成長には絶対につながらないということです。

そういう意味では、経営者が悩んでいることも、実は根底はほとんど一緒、という可能性が高いのです。例えば次のようなものが典型例です。

- 「小さな商売のままで、なかなか大きくならない」
- 「実は今回のはマグレ当たりで、次は何をすればいいか分からない」
- 「良い時はいいが、毎年の売上の浮き沈みが激しくて…」
- 「ビジネスの基盤や商売の体質が強くなっている気がしない」

・「会社の専門性が上手く打ち出せなくて困っている」
・「数年ごとにメインの商売が変わっていて…」
・「そもそも、次は何を展開していけばいいかよく分からない」…

いかがでしょう、いくつか思い当たる会社はありませんか？

困った社長さんだ、とは思いつつも、それを助けるのが仕事なので、何とかお手伝いしなくてはといったところですが、よくよく考えて頂きたいのは、「自分が出そうとしている本もまったく同じ」という点です。

構想も戦略もない状態で本を出そうとすれば、まさに商売の悩みと同じことが起きますよ、ということです。要は、出版は事業戦略と同じであり、通じているものということです。その本質は、

単品発想では、強い事業にならない

ということです。企業ビジネスと家業の違い、大きくなる商売とそうならない商売、強くなる事業ともろい事業…など、様々な考え方や表現に違いはありますが、簡単に言ってし

まえば、単品と商品群では、圧倒的に「商品群」のビジネスの方が有利ということです。これは世の中の商品、サービスを見れば一目瞭然です。

強く君臨している企業には、必ず強い商品群があるものです。飲料や食品などでも、単品で売れ続けている一部の例外はあっても、ほぼ間違いなく3〜4種類、多い物では10種類ほどの商品群となってその座を守っています。

陳列棚・フェースを押さえるためにも種類は重要です。一種類しかない商品で棚を守るには、複数個を横に並べてもらう必要がでてきますし、当然、売上も一つの商品ですべて賄わなければなりません。

これが複数種類による商品群であれば、陳列面も自ずと横に広がるので場所の確保がしやすくなりますし、売上についても全体として考えられます。売れ行きが落ちてきた商品があれば、入れ替えや新商品の投入といったことで、商品群全体の売上を底上げしたり、旧来商品を再活性させることも可能です。

実はここが重要なポイントです。単発でしか考えられない人は、過去に出した商品をビジネスに活かす発想が乏しいのです。もし過去に出した商品が今も売れ続けるとしたらどうか…ということです。本書冒頭でもご説明したとおり、「ロングセラーに対して意図的に手を打つ」とは、まさにココなのです。

優れた企業は、自社の最も重要な主力商品やサービスの寿命を延ばすため、ロングセラーを実現させるために様々な手を打ちます。

ブランドの陳腐化は当然、防ぐべき最重要のテーマです。このため、メインの商品に少しずつ手を加えて改良も行い続けますが、一方で姉妹製品などの投入によって自社の商品群の活性化や魅力を維持するための手を打ちます。この製品群が主力であればあるほど、事業の屋台骨を強く支えられることを知っているからです。

この再活性、成長発展のためには、メイン商品を大きくいじるのではなく、商品群の中に斬新な商品、場合によっては「奇抜な商品」を投入する方が、効果が見込めるだけでなく、安全性も高くなります。

理由は、メインの商品には「ユーザーの定着があるから」です。そして定着とは基本的に保守的です。「気に入っているものを変えられたくない」のです。大きな変更はかえって離反になるリスクがある訳です。

姉妹品としての「斬新な商品の投入」「奇抜な商品の投入」は、メインをイジらずに、商品群を再着目させたり、イメージを若返らせる効果が期待できるのです。

有名なカップ麺や飲料など、消費者向けで長く君臨している商品をちょっと思い出してみてください。これらのマーケティング手法が駆使されていることが分かります。

ちなみに、これはメーカーだけの話ではありません。コンビニやスーパー、量販店、小売・流通業でも、強い企業ほど「売れるカテゴリー」を意識しています。売れる商品を仕入れても、それが単品では店の強みも収益も上がっていかないからです。より大きな扱い分野として、強さづくりを考えます。

では出版ではどうか…。当然同じことが言えます。出版社も強い企業ほど、得意分野でシリーズ化をはかっています。「○○社の□□シリーズ」というパターンです。

そして、このシリーズは、他業界の製品同様、大小様々です。会社全体として一つのカテゴリーだけで勝負している場合もあれば、複数のカテゴリーを柱としている場合もあります。また著者によるシリーズを展開している場合もありますし、これらが複合的に交わっている場合もあります。

企業が商品を発売していくということは戦略あってのことなので、互いに「ビジネスをする」なら、こうした理解が大前提ということです。

つまり、自分の本、出版を考えるとき、出版社のどのラインナップで、どういう位置づけで発売されるのか…。どういう扱いで出れば互いにメリットがあるか…。これを考えることは、「自分のビジネスの成長発展を考える上で欠かすことができない」ということです。まさにコンサルタント業における事業戦略そのものだからです。

単なる続編とシリーズ作は大違い

こうしたことをご理解いただければ、コンサルタント業の方々が、「ほぼ同じような内容」の本を次々出してしまったとしたら、これはビジネス戦略上、いかに愚かで勿体ないことかお分かりいただけると思います。

ただし、ここでよく混同しがちなミスがあります。それは、

カテゴリー商品・製品群と、続編・類似品とは、まったく違うモノ

ということです。前者は「事前に考え抜いた戦略に基づいたモノ」ですが、後者は「売れたから出した」だけで、いわば「自分で柳の下の二匹目のドジョウを狙う」状態ということです。

もっと言えば、他人のヒット作に乗じて、ほぼ同じ内容の丸パクリに近い本を出す人がいたりしますが、他の商売ならともかく、頭脳商売ともいえるコンサルタント業であれば、これはほとんど「私はモノマネの二流で、アタマがありません」と公言しているようなもの、ということです。

いずれにしろ、コンサルタントが本を出すときに、その本の売上自体が収益に直結して

いるビジネスモデルとは大きく違う訳ですから、仕事につなげていくことを考えるのなら、「売れたから続編」では、余りにも脳がないということです。

仕事につなげていくには、あくまでも「テーマ」が重要となります。これを複数組み合わせながら徐々に強くしていく必要があるのですが、続編型ではいつまでも単品と変わらず、商品群としての力を発揮できないのが最大の違いです。

続編とは、あくまでも前作の続きで、その本質は、「ページ数の追加」に過ぎないからです。要するに「別のテーマの本」を出している訳ではないということです。

では、どういうのが単なる続編かと言えば、最も分かりやすいのは書籍タイトルに「2」とか「3」がつくようなものです。テーマもイメージもそのままに、タイトル末尾に数字が付与される場合で、内容も基本的に「少しだけ変わって新しい材料が加えられている」というのが典型的なパターンです。

断っておきますが、こうした出版が悪いなどと言うつもりは毛頭ありません。この辺りは誤解いただきたくないのですが、出版社やビジネスタレントの人にとっては、ビジネス的に非常に重要な手法の一つと言えます。

出版社からすれば、「本の売れ行きがそのまま収益に直結する」訳ですから、一つの本やその続編がたくさん売れてベストセラーになってくれれば、これほどありがたいことはありません。そのチャンスが目の前に現れたとしたら、それをできるだけ活かそうとするのは商売上、当然のことだからです。

では、1冊目が大きく売れて、出版社が「これはもっといける！」と思えば、どういう手を考えるのか…。当然、たくさん売れた方が嬉しいに決まっていますが、いずれにしろタイトルを決めなくてはなりません。

このとき、「勝負に出る」か「手堅くいく」かになりますが、この判断は基本的に一冊目の販売部数に大きく左右されます。なぜなら、手堅い確実は方法は、続編として「2」とつけたタイトルで出す方法だからです。この場合、続編が売れる部数をかなり正確に読むことができます。

もちろん、多少の売れ行きの幅はあります。しかし、最初の本に対して、ざっと3割くらい売れるという統計的な考え方があります。要は最初の本が10万部売れたら、タイトルに「2」をつけて出せば、続編は3万部くらいは売れるだろう、というのが当たらずとも遠からずという話です。

最初の本のテーマに対して一定の読者、ファンがつくからこのような確率論が生まれるのですが、問題はこれをビジネス的にどう見るか…ということです。

これまでにご説明してきたとおり、ビジネス書は1万部出れば結構なヒットという世界です。マグレか狙って当てたかはともかくとして、もし10万部売れた本が出たとき、あなたが売上責任を負っている編集長であれば、続編として出す次の本のタイトルをどうしますか？　ということです。

タイトルを変えるということは、本のコンセプトの変更を意味します。内容も方向性も違うものになる訳ですから、「まったく違う本」ということになります。

もちろん著者の知名度も大きく影響することは確かです。しかし、まったく違う本なのですから、その本が売れるかどうかは基本的に前作とは関係がなく、一からの勝負ということになります。

「著者に知名度があるから売れるハズ」と思いたい気持ちはわかります。しかし、有名だから売れる…というのは、いわゆる政治家や芸能人的な有名さがあれば別ですが、ビジネス書の場合で言えば、本人が期待しているより、遥かに影響度は少ないというのが現実です。ピンとこないような意味不明のタイトルで出せば、前作でそこそこ売れていても、次作で惨憺たる結果になった例は、数えきれないほどあります。

こうしたことを考えるとき、「10万部売れた本なら、続編で確実に3万部を売った方がいい」と考えるのはビジネス的に当然と言えます。言葉は悪いですが、「何もしなくても3万部売れるのが確定」するのです。こんな美味しい話はありません。

この状況下に、担当者がタイトルを変えるというチャレンジに出たとします。勝負に出て「また10万部売れた！」なんていうことが起きれば拍手喝采モノですが、申し上げたとおり確率論で言えば5千部以下の本が大半です。ハズしてしまって3千部しか売れなかった…なんてことが起きたら、「なんで変えたんだ！」と編集長がカンカンに怒るに違いありません。みすみす売上を逃した訳ですから。

一方、最初の本が5千部しか売れていないのに、担当者が二冊目の本に「2」と付けたらどうでしょうか。今度は逆に、「なんで違うタイトルを考えなかったんだ！」となるでしょう。計算上、１５００冊くらいしか売れないのですから。

このように、見込める冊数によって選択肢は変わってきます。ちなみに、いま10万売れたら続編で3万売れると言いましたが、さらに続編を出せば確率論的に約1万売れます。つまり2と3の続編により合計、約4割の追加売上が加算されて、相乗効果も含めればトータル15万以上になることが見込めるということです。

出版社によって狙う売上冊数は違うので、これの十倍規模で狙っている会社もあります。いわゆるミリオンセラーの世界です。夢のような話で「うらやましい」と言う人も多いのですが、シビアで奥が深い世界があるのです。

本が売れすぎる危険

先にビジネスタレントの人であれば、続編型で大きく売れても問題ないとお伝えしました。その理由は「知名度による人気商売」が本質だからです。

分かりやすく言えば、「先生業の構図」のBゾーンやCゾーン、場合によってはAゾーンの先生も含まれますが、ここの先生が出す本の場合、ビジネス系やカルチャー系、学生向けなど様々ですが、いずれにしてもボリュームの多い「一般向け」もっと言えば「一般大衆」がその本質的な対象だということです。

「大衆」という単語を使うとき、「バカにしているのか！」と、過剰に反応する人がたまにいるので誤解が無いよう補足しますが、これは決して侮蔑的な単語として言っているのではなく、「平均的にたくさんいる人」という意味で、最も分かりやすい言葉なので使っています。

テレビやラジオをみれば、まさにこの「平均的にたくさんいる人たち」を狙ってつくられていることが分かります。これが大衆ということです。

使う単語が変わると、何だかよく分からなくなってしまうのですが、「ビジネスマン」や「社員」、「スタッフ」、「営業職」、「事務職」、「オフィスワーカー」、「業務従事者」「パート・アルバイト」、「趣味のサークル」、「主婦層」、「若年層」、「通勤・通学者」、「作業者」、

「学生・生徒」…といった対象の場合、ある程度対象を特定しているように聞こえますが、その圧倒的大部分は、「一般大衆」だということです。

これは、比率で考えればすぐわかることです。例えば、「ビジネスマン」や「通勤者」の人たちを無作為で１００人抽出して、その人たちの年収を一覧にすることができれば、いわゆる平均的な数値がそこに現れてくるでしょう。

もちろん、やたら凄い会社が集まっているビルの前で抽出すれば話は別ですが、そういった偏りでもない限り、標準的な「一般大衆」がそこに見えてくることになります。

当然のことですよね？ 数の上では圧倒的に「一般大衆」が多いからです。たまに「混ざっている凄い人」がいたとしても、それはせいぜい１００人に一人か二人。全体から見れば誤差範囲だったりします。

つまりボリュームゾーンで知名度を上げるということは、言ってしまえば「大衆に受け入れられる要素が強い」、ということを意味します。

そしてこのことは、それだけ「声がかかる確率が上がる」ことに直結します。知名度のある人を使うことは、テレビやラジオ、雑誌はもちろん、講演を企画する会社やセミナー会社…などにとって、集客上とても都合がいいからです。

ここが重要なポイントです。何度も申し上げているとおり、ビジネス系でも「ビジネスタレント」を目指すのなら、露出が高まることを考え、それを実行していくことは戦略上、とても有効です。しかし、ビジネス系と言っても、Dゾーンの先生、コンサルタントの方々の場合、クライアント対象は誰ですか？ということです。言うまでもなく、企業の経営者などですよね？ということです。

この、「企業の経営者」は「一般大衆」とは当然違います。年収ももちろん違いますが、そもそも思考回路も発想も、そして「お金の使い方」も、まるで違います。

特にお金に関しては会社の未来を背負っているため、会社のお金を様々なカタチで投資したりします。

いわゆる金融・不動産投資もあるかもしれませんが、設備投資や社員の教育に使ったり、研究開発に振り向けたり、市場調査の場合もあるでしょう。

こうした様々な投資の一つに、「事業の成長のために新たな仕組みをつくる」という、非常に重要な投資もあります。これがビジネスの世界で辣腕を振るう「専門コンサルタントの活用」を意味する訳です。

では、この時の「コンサルタントへの支払い金額」は、幾らくらいになるのか…という話です。実に幅が広いので一概には言えませんが、重要なことは、この金額はあくまでも「投資判断」からくるということです。

例えば「単なる計算作業」に100万円を払う人はいませんが、「収益が1億円上がる販売の仕組み」を構築してくれるとしたら、500万円でも、むしろ「安い投資」と考える人が多くなるでしょう。

実際、経営者でコンサルタントを上手に活用する方々は、こうした仕組みづくりの投資を積極的に行い、事業を急成長させていっています。

問題は、まっとうなコンサルティング金額であり、経営者にとっても安い投資金額だとしても、一般大衆から見れば、「ちょっと教えるだけで100万円なんて、きっと怪しい仕事か詐欺に違いない」となってしまうことです。

これは残念ながら、多くの人には企業における投資の論理も、そうした金額の世界があることも理解されていないのみならず、自分は一年間、一生懸命働いても300万円とか500万円なのに、アイツは何かちょこちょこっと教えるようなことをするだけで、大金をもらうなんて許せない、といった心理面があったりするからです。

これは当社でも受けることで、コンサルタントになって活躍したい…と思って本を読まれたりセミナー等にお越しになるのですが、その言葉とは裏腹に、頭の中が一般大衆のままのため、「セミナーやコンサルティングがなんでこんなに高い」と、憤慨しているような人がたまにいるのです。比較対象が大衆向けカルチャースクールだからです。

ビジネスの世界で考えれば、年収3千万や5千万に実際になっている人が大勢いる実務ノウハウ、ご指導を提供しているのですから、現実的には、驚くほどコストパフォーマンスがいい投資案件なのですが、一般大衆思考では理解できないのです。

ご自分が本当にコンサルタントとして活躍するようになったら、「なんて馬鹿なことを言っていたんだろう」と恥ずかしい思いをすることになりますが、そもそも思考回路が大衆のままでは、経営者相手のコンサルティングは不可能なので、恥ずかしく思う土俵にも立てないまま消え去っていくことになります。

いずれにしろ、**コンサルティングという仕事は、「ビジネスの投資案件」だけに、一般大衆にはまず理解されないのは、ある意味しかたがない**、と覚悟してください。

そして注意しなくてはならないのは、この心理面です。基本的にはやっかみや憎悪なのですが、Dゾーンのコンサルタントの先生が、大衆ゾーンで不必要に露出が大きくなってしまうと、この心理をわざわざ突くことになる…ということです。

ヘンな話、「エラそうだ」とか「詐欺に違いない」、「不当な商売」…などと妬みや嫉みで言われたり、ネットに書き込まれたり…。

馬鹿馬鹿しいと思うかどうか…ですが、人の劣悪な感情は面倒な物です。炎上商法でもない限り、わざわざ火をつける必要もない、というのが当社の考えです。

実際、高級な商品の中でも、一般大衆では手が出せないクラスのモノ、例えば1億円以上のスポーツカーや何億円もする別荘、一回で何千万もする船旅、一着で何百万円もするオートクチュールの服、超高級なワインやプライベートジェット…などは、テレビCMや大衆向けの雑誌など、多くの人が目にするところへの露出はまず行われません。

一般向けの広告がそもそも無駄、という考え方もありますし、大衆に知られるとそれだけ価値が下がる、という判断もあるでしょう。そもそも論で言えば、わざわざ憎悪の念を引き起こす必要性はありませんし、伝えるべき対象を選べるなら、その方法を選んだ方が賢明ということです。

ですから、Dゾーンの先生の場合、特にコンサルティングが高額で、企業や経営者だけを対象としている方であればあるほど、一般向けの不必要な露出は意味がありませんし、注意も必要ということです。

出版で言えば、ボリュームゾーンで本が出ることや、ビジネスタレントと同じような売り方をしてしまうと、一般人の目に触れることが多くなり、それだけ商売的にマイナスを被る可能性が増えると思ってください。

そういう意味では、**Dゾーンの先生の場合、「本は売れすぎない方がいい」**といつもお伝えしています。これが本書冒頭で「内容と売れる冊数、共によくてもコンサルタントにとっては、良い本とは言えない」という真意です。

特に、短期間に何万部も売れたとしたら、それは想定している読者対象の経営者が買っているというよりも、間違いなく一般の人がたくさん買っているハズだからです。この時点でターゲティング出版は黄信号と言えるでしょう。

本が売れるにしても、長きにわたって毎年の積み重ねで何万部にもなっていく、としたらこれは理想的です。恐らく対象としている読者がしっかり買ってくれているでしょうし、しかも出版社にも大いにメリットがあります。

本が売れるにも、戦略性が欠かせないということをご理解ください。

2 コンサルタントとしてのシリーズ出版戦略

出版テーマの決め方と展開の手順

さて築城型の出版戦略について、その基本となることをお伝えしてきましたが、ではこれから自分の本について、どんなテーマで展開していけばいいのか、その戦略的な考え方についてご説明します。

まず、出版する本のタイトル、つまりテーマとは、「自分のビジネスにおける収益の柱の一つ」でなければ話にならないということです。本来当たり前のことなのですが、ここをミスってしまう人が本当に多いのです。

例えば、本のテーマを考える時、圧倒的に多くの人が「その本が売れるかどうか」を考えます。「どこが間違っているんだ」と思う人も多いかもしれません。また、実際多くの出版関係者の人が「売れなければ始まらない」と言うでしょう。

一面の真理であることは否定しません。しかしこれまでご説明してきた通り、本が売れて、それがビジネスに繋がっているのは売上に直接関係している人達です。

Dゾーンの先生にとっては、本が売れても仕事につながらない限り意味がありません。だからこそ、バックエンドとなる「コンサルティングが廻せている」ことが極めて重要であり、それが本を出す大前提なのです。これができていなければ、「なぜ本を出すのですか？」と訊きたくなるくらいです。

つまり、Ｄゾーンの先生にとっては、

自分が書けるテーマかどうか、売れるかどうかではなく、何がなんでも、本業のテーマで書かなければならない

ということです。このことが分かっていないと、ほぼ間違いなく「順番を間違う」という、致命的なミスを犯すことになります。すなわち、「売れる本にするためには、こういうテーマにしなければ…」というミスです。

もちろん、すべてがミスという訳ではありません。出版関係者のアドバイスのお陰で見事に合致した本を出せたというケースもあります。しかし、自分の本業とズレているにも関わらず「売れるから」とそそのかされて、関係のない本を出してしまったという人が、どれだけ多いか…ということです。

文句を言う人もいますが、自分のビジネスのことは自分自身が一番考えるのは、これまた当たり前というものです。他人のせいにしたところで、それはあなたのミスでしょう？

ということです。だからこそ、しっかり考えてほしいのです。

順番は極めて大事です。商品をつくって売っていて、それを案内する「チラシ」をつくる。そのチラシが好評を博せば、商品はよく売れるようになるのです。

本書冒頭で申し上げたとおり、コンサルタントにとってはある意味「本はチラシ」と、言えます。この順当な流れを意図して行わなければ、仕事につながることはないということです。小学生でもわかるような話だと思います。ですから、

・商品をつくって売っていても、まったく関係ないチラシを出せば商品は売れない。
・売る商品は無いが、チラシを出せばいいと言われて出してみたが何も売れない。
・他人が出していたチラシをマネて出しても、自分の商品は売れない。
・次の商品を考えていなければ、同じチラシしか出せなくなって飽きられる。

ということをご理解いただけるでしょうか。

すべて順番や手順をよく理解していないが為に、残念な結果が起きているのです。

バックエンドに対する誤解

ここでバックエンドということに対して、誤解をしている人がたまにいるので補足しておきましょう。いわく「高額なバックエンドに引き込もうとするのは悪徳商売だ」というものです。

ちなみに、このフレーズだけを聞けば、たしかに「そのとおり」でしょう。

世の中には不当に高い変な商品を、妙な空間に押し込んだ上に煽って、集団催眠がごとく「いま買わなければ…」と思わせて買わせるという手口があったりします。実際にはごく普通の商品や何の効果もない物なのに、驚くような高い料金をしかもクレジット契約で迫ってくる…といったものです。

ビジネス系でも、やけに高額な会費やメンバーフィー、さらにはチケット購入や意味不明のバカ高いツール…などを売りつけてくるようなケースもあります。こうした商道徳に反するようなものは、当然「悪徳」に違いありません。

しかし、先ほどから申し上げているとおり、コンサルティングの正当な料金というものを「単に誤解している」という場合は、これは謂れのない誤解というものです。

「同じように見えるセミナー」において、片やバックエンドがそもそも無いBゾーンの先生の中には、「バックエンドを売ること自体が悪い」と、一方的に決めつけている人がたまにいて、先の言葉「高額なバックエンドに引きこもうとするのは悪徳商法だ！」と、見境なく言ってくる場合があるのです。

彼らからすれば、１００万円を越えるようなコンサルティングフィーとは、講演の謝礼と比べて「不当に高い」と感じるのでしょう。これが知人の場合、「君はそんなイカガワシイ商売をしているのか…」と責めてきたりするからややこしいのです。

ご本人が「我こそが正義」と思っているかどうかは知りませんが、あまりにも一方的で偏った考え方と言わざるをえません。しかも、その原因が実は自分のビジネスモデルにあることに気づいていなかったりします。

つまり、自分は「話すことで完結」しているモデルのために、本当は「バックエンドを売りたくても売れない」ジレンマに陥っているのですが、それは自分としては認めたくないのです。

しかも、仮にビジネス商材や見よう見まねでバックエンドをつくってみても、Bゾーンの先生の場合は、登壇の場を用意してくれているのはエージェントやセミナー会社、しかも参加者は社員やスタッフなど一般の人が大半です。参加者からも拒否反応が強くでるし、「案内自体とても嫌われる」ということが起きます。最悪、次から呼ばれない…ということが起きかねないので、なかなか踏み出せないのです。

自分ができないために、「それはオカシイ」と言っているようなものなのですが、オカシイかどうかは不当な商品か、押し売りか、はたまた契約の仕方…といったことで判断すべきが本来ということです。

そもそも、大の大人が無料や数千円で話をしていたとして、「この人はどうやって食べているんだろう?」という仕組みも見せずに、どうやってオープンに商売をするのか、ということです。

まともな経営者であれば、「ところであなたは、何を収益源にしているんですか?」と尋ねてきたりします。何の案内もなく、単にボランティア的に話をしていれば、「一体どうなっているんだ? お金の流れが見えない。何かあるに違いない…」と、むしろ不審がられたり怪しまれたりします。

ですから、当社が関わったコンサルタントの方々には、「無理やり契約を迫れ」などとは、ただの一度も言ったことはありませんが、逆に、「まっとうに、自分のコンサルティングの案内は必ず行ってください」、とはキック申し上げています。

コンサルタント業なのですから、その本業の案内を見せなければかえって怪しいですし、話すだけで済むというビジネスではないのです。

出版が効果を発揮する流れ

コンサルタントが出版から仕事につなげて、商売繁盛を実現していくためには、簡潔に示せば次のような順序を踏む必要があります。

1、自分が行うコンサルティングの枠組みをしっかりつくる（体系化）
2、セミナー等で集客し、なんとか廻せるようにする（自己集客）
3、その見込み客開拓に本を出す（ターゲティング出版）
4、一定の確率で「あなたに頼む」を増やしていく（受注増）

本を早く出したいのに…という気持ちもよくわかります。しかし「効果をあげるための準備と順番」があります。これを無視すると、せっかく得られる大きな果実も小さなものになってしまいます。

どんな商品でも、特徴やセールスポイントがぼやけていたら売るのに苦労します。また「買いやすい状態」になっていることも、とても重要なことです。これができていなければ、価格競争に巻き込まれること必至です。

コンサルタントの場合なら、自分のコンサルティングのウリが明確になっていて、作業賃ビジネスではなくコンサルティング商売としてしっかり売っていける体制になっているかどうか…。これを当社ではコンサルティングの体系化、パッケージングと呼んでいますが、これがまず大前提ということです。

これがなければ「何か困ったことありませんか?」「言ってもらえれば手伝いますよ」という作業賃ビジネスや御用聞きの状態になってしまいます。本で言えば、「何を書けばいいですか?」というのと同じ、まさに共通しているのです。

商品をつくり、それを案内する。これが手順です。前後すれば無茶苦茶になるのは必至です。ですから、まず最初に自分のコンサルティングの売りモノを確定させることが大事なのです。

そして、次に出版戦略として考えるべきことは、「順序の2、3、4を複数回繰り返す」ことで、より強固な基盤をつくっていくことです。これがコンサルティングのテーマになるものであり、二冊目以降の出版のテーマになるものなのです。ターゲティング出版の本質は、まさにここにあります。

このことを本気で実現しようとすれば、先に申し上げたとおり「本を単発で考える」ことが、いかにもったいないことか、ご理解いただけることと思います。せっかく書いた本も、一回一回で終わってしまうからです。これでは年月を重ねるごとに、自分のビジネスを強く成長させていくことはできなくなってしまいます。

ただし、出版していく本を事前に考えたつもりでも、最初のコンサルティングの体系化が曖昧だったり、出版戦略も適当なものであれば、二冊目があってもそれは単なる続編や類似品になったり、はたまた、まったく関連性のないバラバラの本になってしまい、力を発揮することができません。

ここで重要なことは、「違うテーマを出せばいい」という、単純な話ではない点です。コンサルティングのテーマを複数設定することと同様、関連度を保ちながら、少し広い陣地のところに布石を打つ出版戦略が必要なのです。

陣取り合戦と同じで、狭い場所に陣取りしても意味がありません。かといって欲を出して遥か遠くの陣地を取りにいこうとすれば、それは「離れ小島」のようになり、各々単独で守らなくてはならなくなります。これでは結果的に、単発と変わらないことになってしまって、強固な陣地にはならなくなってしまいます。近すぎず遠すぎず…。この距離感、サジ加減が重要ということです。

ちなみに、バラバラのテーマかどうか、続編ばかりだしているかは、ネット書店などで試してみるとすぐわかると思います。誰か思い当たる人を著者名で検索してみてください。その人がこれまでに書いた本がずらっと並ぶはずです。

誰でも自分のことは分からなくても、他人のことなら消費者視点で瞬時に分かるものです。検索結果の本のタイトルをみて、どう感じるか…。

そこに何かしら脈絡を感じれば得意分野や専門分野のある人です。特定のゾーンを専門にしている証拠です。

ただし、ほぼ同じタイトルが並んでいるなら、続編ばかり出しているということです。いい塩梅で少し離れてはいるけれど、関係しているテーマの本がならんでいるなら出版戦略が上手く行っている人、ということです。

出版の強さというのは、一度出したものを「長期に渡って活用できる」点にあります。これまで述べてきたとおり、このことは意図して行うべきことであり、決してマグレでは起きません。戦略を駆使して自らの手で創り出していくもの、これがロングセラー化であり、出版の本当の活かし方なのです。

一方で、忘れてはならないのは、「一度出したものは消せない」ということです。これは非常に恐ろしい面を持っています。

深く考えずに、その場のノリで本を書いてしまったり、誰かにそそのかされていい気になって出すのは本人の勝手ですが、その本が将来、自分のビジネスの邪魔になってしまうこともあり得るのです。その時になって「なんでこんな本を出してしまったんだ…」と、悔やんでも、それは後の祭りです。

内容面においても、一貫性はとても重要です。以前の本とまるで違う意見や真逆の考え方の本を出せば、「この人は言っていることが矛盾しているし、支離滅裂」と思われてしまいかねません。

評論家でも、言っていることがコロコロ変われば信用を失ってしまいます。これが経営者相手のコンサルタントであればどうなるか…ということです。

気楽に読めるライトな内容の本が受ける？　といったあおり系の出版関係者にありがちな言葉を真に受けるのは勝手ですが、自分が書いた本の内容は、一度発行されれば「後から書き直すことは絶対にできない」ということを、心底よく分かった上で書いていただくことをお薦めします。

なお、残念ながら過去に出していた本がどうしても邪魔になってしまったという場合、新しい本のとき、著者名を変更して出版した人もいます。できればそうしたことは避けたいところですが、ビジネスの再出発のためには致し方が無い時もあります。それだけ事前にしっかり考え抜いて出版に取り組む必要がある、ということです。

何年先までの出版戦略が必要か

コンサルティングのテーマ、出版のテーマというものは、必ず事前に考えておく必要があるとお伝えしてきました。

では一体、時間軸としてどれくらいを考えておけばいいのかと言えば、自分のビジネスに「しっかりとした基盤ができあがるまでの時間」または、「自分が考えうる事業展開に到達するまでの時間を」となります。先に申し上げたとおり、出版戦略とは、事業戦略と一対のものだからです。

簡単な話、自分のビジネスに対して、「ちょっと儲かればいい」とか「本でも書いて、仕事が増えたらラッキー」くらいにしか考えていなければ、おのずと「かる〜い内容」にしかならないでしょう。しかも数年先のことなど、まるで考えていない出版戦略となることも間違いありません。

目先の「この本が売れるかどうかに全力を尽くす」——。精神面で言えば確かに正しいのですが、それはあくまでも「事前に考え抜かれた戦略があり、それに基づいてこの目の前の本に対して全力を尽くす」という順番あってこそ、なのです。

だからこそ、自分のビジネスの長期戦略を、出版前に絶対に組み立てておく必要がある訳です。再三申し上げているのは、まさにここです。「あなたを取り巻く出版関係者は、

その本が売れるかどうかは考えても、誰もあなたのビジネスのことは考えてくれない」のです。もっとハッキリ言えば、

出版関係者が、あなたのビジネスの未来まで、
戦略的に考えてくれることなど絶対にない

ということです。理由は単純です。出版についてはプロフェッショナルの人がたくさんいますが、事業戦略としてのコンサルティングビジネスの展開や、その本質的な成長策については専門でもなんでもないからです。

このため、ボリュームゾーン向けの本をたくさん売るノウハウ、本が売れた後の続編展開などは得意でも、ビジネスとしての事前の戦略構築とそれに基づいた長期的な出版展開などは範疇を越えている訳です。

しかも分かっている風を装っている人でも、先生業で言えば、BゾーンもCゾーンもDゾーンも、全部いっしょくたにして、有名になれば売れる…くらいにしか思っていない人が大半です。ここが最大の問題です。

皆がビジネスタレントの方向を目指すならともかく、経営に関する実務コンサルタント

をやるとするなら、自分で自分を守る智恵をつけなければ、夢は遠のくばかりということです。当社で関わった方々で、何千万円プレーヤーのようになった方々が大勢いるのは、まさにビジネス展開を考慮した上での「道具としての出版」をご指導するからに他なりません。

では、コンサルティングビジネスにおいて、どれくらいを目安に長期戦略を考えればいいのかと言えば、当社では一つの基準として、「10年を目安にしてください」とお伝えしています。あなたのビジネスが、布石を打ちながら強固な基盤を確実に築いていくために必要な時間ということです。

もちろん、これはコンサルタント業を始める年齢にも、かなり影響します。お若い方であればロングスパンで、高齢で始める方は時間軸を縮めて急ぐ必要があるでしょう。ですからあくまでも目安とお考えください。

いずれにしろ、「○○と言えば誰々」という、一つの分野であなたが君臨するためには、その専門性が認知されて、ビジネスがしっかり展開できていなければ牙城を築くことはできません。このためには、少なくとも密接な関連性をもつ専門的な本が複数、出されていることが条件と思ってください。3つ以上あれば理想的でしょう。

本や映画に限らず、他の一般の商品でも何でも、２つの種類しかなければ、「シリーズ」という表現を使うと何か変な感じや物足りなさを感じると思います。また、まとまり感やボリューム的なものも感じることは無いでしょう。

この「まとまり感」というのは重要です。３冊あればいい…と、闇雲に本を出してもバラバラのテーマであれば当然意味がありません。あくまでもシリーズを構成できるまとまりがあってこそ力を発揮します。

書籍を通じて、自らのビジネスの戦略的展開のみならず、知的ノウハウをまとまった形で展開していくところに、コンサルタントとしての出版の大きな意味があります。だからこそ、自らの書籍のシリーズ化は非常に重要なポイントです。

これを念頭に、可能であれば5冊くらいを視野に入れながら、10年を展望します。平均的に言えば2年に一冊くらいの出版といったところでしょうか。

つまり最初の本を出す時、その段階で3年後や5年後、場合によっては10年後に出す本について、細い内容はともかく、大きなテーマだけは事前に決めておかなければならないということです。

事前に用意しなくてはならない理由は、前述のとおり、後からだとツジツマが合わなくなったりテーマの重複といったことが起きるからです。こうした戦略を、出版関係者に頼むということが、いかに難しいか…お分かり頂けるでしょうか。

ちなみにこうしたシリーズ展開については、事前に出版社に伝えたとしても「売れてから言いなさい」と叱られるのがオチです。何の実績もない著者が大見え切って言ったところで信用はゼロだからです。まず相手にされないと思ってください。

ですから、仮に5冊展開を本人が考えていたとしても、1冊目、2冊目がそれなりに売れて合格して、3冊目を出せるくらいになってやっと…と思っていてください。それまでに編集担当者に伝えてもまず難しい話です。実際、1冊目や2冊目で終わってしまっている本がどれだけあることか…。

本書の場合も、編集の原稿確認の段階になってはじめて、「なに?」と、この内容にチェックが入ったと思います。過去に伝えたことはありませんし、話をしたとしても、「売れてから言いなさい」と言われたら、グウの根も出ないからです。(この部分の原稿が残ることを祈りますが…)

いずれにしろ、1冊目を書いている時から、必ず2冊目や3冊目で書きたいこと、というのを考えながら粛々と執筆をします。あなたも出版を考えるとき、ご自分のビジネスを強く成長させるためにも、長期スパンで考えていただきたいと思います。

出版社に礼儀をつくせ

築城スタイルの出版を考えるとき、最後に押さえておいて欲しいことがあります。それは、「一冊目が売れなかったときの対処」です。

出版業界は、本の売上冊数で食べている訳ですから、やはりそこは、「売れてナンボ」の世界があります。自分がどれだけ「こんな内容の本を出したい」と無理強いしたとしても、売れなかった時に損を被るのは出版社ですから、決して気楽には「いいよ」とは言ってくれません。相手も商売ですから。

ですから、先にお伝えしたとおり、相手が「まあいいか…」と思ってくれることに注力し、協力してもらえるチャンスをつくって念願かなって本が出て…。しかし、その本が売れるとは限らず、残念なことにあまり売れなかったときに、どう考えて対処していく必要があるのかということです。

まず第一番に考えて頂きたいのは、その本は「自分のビジネス上、有効に働いているか」という点です。要は、**数はでていないけれど、本を読んだという人が意図したとおり仕事につながったかどうか**…ということです。

本がどれだけ売れたか、それは出版社や出版関係者にとって重要な判断基準に違いありません。もちろん、本がたくさん売れるに越したことはありませんが、しかし、乱暴な言い方をすれば、著者のコンサルタントからすれば、本の販売部数そのものは「二の次」であり、あくまでも、「自分の仕事につながる道具になっているかどうか」ここに着目しなければ判断を誤るということです。つまり、組み合わせ的には、

1、本はたくさん売れているし、仕事につながる道具になっている
2、本はたくさん売れているが、仕事につながる道具になっていない
3、本はあまり売れていないが、仕事につながる道具になっている
4、本はあまり売れていないし、仕事につながる道具になっていない

の大きく4パターンに分かれる訳ですが、ここから判断が必要ということです。

理想的にはもちろん「1」です。数がでているので出版社も関係者も喜ぶに違いありません。著者の自分も仕事につながるのですから言うことなしです。先述の売れ過ぎの問題さえ起きなければ、1のパターンはとてもいい状態です。

問題は2～4の場合です。困ったことに、コンサルタントの本の場合、ここに該当することが結構多いといいますか、ほぼここのパターンになります。

ちなみに、2については出版社は喜んでいますので、特に文句を言われることもないし、

誰かに迷惑をかけることもありません。困るのは自分だけです。

しかし、本書が示す戦略を理解して出版に臨んでいれば2のケースになることは、よほど戦略的なミスをしたり、順番を間違わない限り、まず起きることはありません。理由はすでにご説明してきたとおりです。

ですから判断が必要なパターンとしては、3または4が該当することになりますが、いずれにしろ出版社側からすれば、「売れていない」ということになります。ここが重要なポイントになってきます。

一般に、「本を出したけど売れていない」場合、その出版は失敗したものとして、ほとんど闇に葬り去られるような扱いを受けたりします。関係者も一様に「ダメだった」と評価しますが、果たしてそうでしょうか…ということです。

出版関係者ならこのように考えても不思議ではありませんが、コンサルタントであれば、「道具としての価値」に着目する必要があります。実際、様々なケースに関与していますが、「本はたいして売れていないけれど、しっかり仕事につながっている」という例は、決して少なくありません。

判断基準は「仕事につながる道具になっているか」が第一で、数量は二の次なのです。

もし100冊売れて1件のコンサルティング受注につながるようなら、これは「ものすごい道具」と言えます。

これはちょっと計算してみればすぐ分かることです。１５００円の本が１００冊なら、合計15万円になりますが、もしコンサルティング代が１００万円であれば、「自腹で購入して配っても採算に合う」話です。これが数百万円のコンサルティングであれば、当然もっと分のいい道具になる、ということです。

ですから、「何冊売れて仕事につながっているのか…」これをしっかり把握して、それを元に判断をする。その結果、「確率論として道具の有用性を確認」できるなら、本をたくさん買い取って協力するとか、積極的に販売の協力をするとか、いずれにしろ出版社に協力すべき…ということです。自分にとっては「大切な道具」であり、決して失敗出版ではなかったからです。

こうした協力は、次の本の企画の際、「まぁ、あの人は協力もしてくれるから、大目にみてあげよう」と思ってチャンスに繋がるかもしれません。もちろん色々やってもダメはダメかもしれません。

しかし、お互い感情を持った人間同士ですし、商売というのは仁義がとても重要です。古臭いと思う人も多いかもしれませんが、他ならぬ、社長さんたちはこうした商売の協力や相手への礼節というものも、大切にされる人種です。

そういう意味では、一冊目の本が出たあと、「ウチからも出しませんか？」と、他所の出版社から声がかかることがよくありますが、話を進めるにしても、最初にお世話になった出版社に何の連絡もせずに、いきなり他から本を出すなどというのは、本当に節操がない行為と言えるでしょう。

最初の出版社がチャンスを与えてくれなかったら「著者になれていない」のです。担当者のところに「これこれしかじか…」と挨拶に伺ったり、もっと言えば「内容的にぶつからないための配慮」を説明するのは、最低限の礼節というものです。

ご本人がどう思っているかは知りませんが、他社で本を出すということは、出版社からすれば「ライバル会社から本が出た」ということです。

特に利益責任を負っている編集長であれば、そこそこ売れた本の著者なら、できる限り自社で次も出してもらいたいと考えるのが普通です。商売的に考えても、他所で出たらそれだけ売上チャンスが消えてしまう訳ですので、当然と言えるでしょう。

担当者クラスであれば、「そんなに目くじらたてなくても…」などという人もいますが、それは正直な話、ビジネスのことを、あまり分かっていない人ということです。

芸能界で事務所を移るとか、他のレーベルで楽曲を売り出すと言えば、ことの重大さを理解いただけるでしょうか。もちろん、そうした契約上の制約はありませんので、あくまでも例えば…の話としてご理解ください。

知り合いの中には、出版社の編集長クラスの方々も多いのですが、こうしたビジネスの常識とも言えるようなことすら、まともにできない著者へのボヤキ等もよく耳にします。大変ご立腹されているのも何度か見たことがありますが、本当にお気の毒ですし、嘆かわしいと言わざるをえません。

もし、あなたが関わる出版関係の人で、こうした礼節を軽んじる人がいれば、それは、ビジネスマンとして能力が低いと判断すべきでしょう。

言うまでもなく、有能なビジネスマン、優れた経営者、エグゼクティブ…の人達は、総じて互いに尊重しあえる人であり、礼節を重んじることくらい、誰でも分かっていることだからです。

経営指導をするコンサルタントであれば、こうしたトップ層と関わることが日常的になってくる訳ですから、当たり前のレベルでしっかり押さえておいていただきたいと思います。

第5章

コンサルタントが、執筆で絶対に押さえておくべき実務

1 間違いだらけの出版テクニックに騙されるな

先生によって「本を書く実務」も変わる

さて、出版戦略についてご説明してきましたが、実際の執筆についてもいくつか押さえておいたほうがいいポイントがあります。より重要なものについてご説明をしていきます。書くという実務についても、Ｄゾーンの先生の場合、他のゾーンの先生とは考え方も進め方も結構違ってくるからです。

まず押さえておいて頂きたいのは、**「書くことを決して作業と考えてはならない」**という点です。これは、多くの人が無意識に陥ってしまうことだけに、注意が必要です。

本を書いたことがある人はもちろん、これから本を書こうと思っている人でも、大抵の人は「原稿を書くのは大変」と考えていると思います。何しろ、自分の考えをまとめてそれを文字にしていく作業です。文字量も半端ではありません。

ちょっとしたネットの文章や雑誌の記事を書くだけでも相当な文字量が必要なのですが、一冊の本、例えば本書のような２００ページ超の本だと、単純計算でざっと10万文字くらいは必要となります。これは、新聞朝刊の全文字数とほぼ一緒と言えば、イメージいただけると思います。明らかに「結構な量」です。

これだけの文字を書くことが簡単ではない証拠に、世の中には「執筆が楽になる魔法」と言わんばかりに、様々なテクニック的なものが喧伝されています。しかし、これがなかなかのクセ者で、「文字量」を作業的に稼ぎ出すことに主眼を置いたものが、あまりにも多いのです。

言うまでもなく、どれだけ文字量があっても中身がなければ「執筆した意味」はまったくありません。**そもそも論として、仕事につながらなければ何の意味もない**のです。まさに本を書いただけ、出ただけ…となってしまいます。これが「作業」になっているという意味です。

では、どういう書き方が作業になりやすいのか。特に注意が必要なものをいくつか示します。まず最も注意すべきは、「自分が書いたネットのブログやコラムを集めてそれを本にしようとする」パターンです。

形だけとにかく出版したいというのならいざ知らず、本当に仕事につながる本を出したいと言うのであれば、これは明らかに「稚拙な手法」と言わざるを得ません。理由は単純です。すでにネットに書いているということは、多くの人にとってこれは「オープンになっている情報」だからです。

本書を手にされている人、この本を買われた方が、当社のサイトを見に行かれて、ここに書かれていることが全部ウェブに掲載されていたら、どう思いますか？ オープンになっているもの、タダで読めるものをわざわざ本にするということは、それを喜んで買う人は基本的にファンの人ということです。

「初めて目に触れる人もいるハズだ！」と言ってくる人もいますが、大きな問題点が2つあります。一つ目は、仮にそうした人が何かのキッカケで本を手にしたとしても、ウェブサイトを見に行ってみて他にまともな本がなかったらどう思うか…ということです。

本は確かにキッカケになりましたが、その内容はすべてブログに書いてあるものばかり。他にまともな本が見当たらなければ、誰でも「なんだ、ブログで全部の人か…」と思いませんか？ ということです。

もう一つの問題点は、「文章の密度や品質」です。ウェブに書かれている文章と、しっかり出版された書籍とでは、同じ著者の場合でも「書籍の方に軍配が上がる」ことがほとんどです。

これは出版というものが、企画や編集、校正など様々な人の目を通過してきていることや、そもそも「販売物」としてつくられるため、一定の品質や内容的な基準をクリアしなければ発行できないためです。

対してブログやSNSなどの文章は、著者本人が書いてそれがそのまま表に出ているケースが大半です。スピードや手軽さは断然ネットに軍配が上がりますが、その分、書き味も軽くなっていることが多いのは、その人のキャラクターや書き分けの場合もありますが、その性質や仕組みによるところが大きいのです。

品質面で言えば、もう一つ重要なことがあります。それは一つ一つのブログ記事というものは、基本的に「その一話ずつで完結している」という点です。

ブログやコラムとは、短い一つ一つの記事の繰り返しであり、そこには「全ブログを通しての起承転結」や、「全体をとおして説明する一貫性」などはまずありません。もしそうしたものがあれば、続けることに意味があるはずのブログで、「書くことが終わってしまう」という、自己矛盾に陥るからです。ブログを書いている大半の人が、「書くことのネタを常に探している」というのは、まさに終っては困る構造だからです。

書籍の場合、その一冊が一つの全体です。そして、その集合体がシリーズです。少なくとも２００ページ全体を通して一つのテーマで訴えかける、説明すると言ったことができていなければ、力を持った本になることはありません。

短文集やエッセイ集ならともかく、仕事につながる本を出したいというコンサルタントであれば、書籍一冊くらい、一貫した内容で書けなければ、どうやって経営者を揺り動かして、コンサルティングの依頼を受けようというのか…ということです。

要するに、**「同じように見える文字」でも、ブログと書籍では、そこに書かれる文字が背負っている役目は、まるで違う**ということです。こうしたことを考えずに、「まとまった文章があるから、これを活かせないか…」などと安易に考えて本にしようとすれば、それは当然、「単にカタチになっただけ」ということになる訳です。

一方、4ページづつ50項目を書けば、全部で２００ページになるから、この方式で4ページずつ書いていけば簡単に書けるという人もいます。実際この手の方法で出版が行われることも多いのですが、実はこれもブログから本をつくる発想に近くなるので、注意が必要です。

理由は、よほど全体構想や一つ一つの項目をしっかり設定していない限り、単なる原稿の寄せ集めになりやすく、書籍全体を通した起承転結はおろか、主義主張を持った力強い本にならないからです。

しかも、これは多くの人が勘違いしているのですが、本気で力を放つような各4ページずつ、50項目からなる本をつくりあげようとすると、それは想像を絶するような文章へのこだわりと、深い思考が必要となります。通常のつくりで書く方がハッキリ言って何倍も簡単で楽なのです。

項目型の本が大変になる理由は、そこに求められるのが「圧倒的な密度」や「本質を言い切る簡潔な文章」だからです。たった4ページ、そこで無駄なくすべてを言い切るような密度感があってはじめて「凄い本」となるからです。

これは、辞書の中の説明文で構成される感じと言えば、なんとなくご理解いただけるでしょうか。実際にこうした本をつくるときには、各項目ごと、2倍から3倍のまとまった原稿から、ムダをそぎ落として4ページに収めるという工程が欠かせません。

徹底的にそぎ落として、究極とも言える部分だけを残す。項目が分かれていて、短い文章で構成されているため、ムダがあればゆるさが露呈してしまいます。

編集者時代に何度かそうした書籍をつくったことがありますが、正直、文字量の割に何倍も大変というのを味わっています。ゆる〜い本で、カタチだけ項目的な本なら話は別ですが、それではとてもではないですが「力を持った本」にはならないのです。

もちろん、こうした出版がすべてダメなどと申し上げている訳ではありません。コンサルタントとして出すべき戦略的な本をしっかり出している上で、余力的な本や、周年記念の本、他の出版社からお声がけいただいた際のシリーズ外の本…などとしてなら、大いに活用が考えられるでしょう。楽して出せる本は、あくまでもプラスアルファでお考えくださいということです。

「書けるところから書けばいい」は本当か？

さて、本を書いていくときに、よく耳にすることの一つに、「書けるところから書く」というのがあります。実はこれも、絶対にお薦めしない本の書き方の一つです。

書けるところから書けば、いかにもその方が早く進みそうですし、気分的にもノリが良くなることでしょう。しかし、これも間違いなく言えることは、「作業として文章を書いている」ということです。

実は、多くの編集者や出版関係者は、この「書けるところから書いて」という言葉を口にします。彼らは彼らで「原稿がなければ何もしようがない」という立場上の問題があります。そして、多くの場合、扱う書籍のテーマはボリュームゾーンの本です。

このため、一貫した主義主張の展開や一冊の本を通しての流れ…といったものは比較的少なく、しかも先に申し上げた項目型の本のつくり方であれば、それこそ構成上、中盤の文章からでも、なんら問題なく編集できる、という理由があります。

しかし、**書けるところから書いた場合、「文章の流れが持つ力」が発揮できなくなる、**という問題があります。ヘンな話、その著者が書いたヘンテコな順に文章を読むことができれば、まだその方がマシかもしれないということです。

本に求められることには、論理的な説明力というものがあります。そして、全体を通しての流れやテンションといったものがあります。これらを総合的にコントロールして一冊書き上げる必要があるのですが、これを前後バラバラに、順番ムチャクチャに書けば、最後にまとめようとしたときに、矛盾なくしっかり整合性を取って完成させるのは、想像以上に難しくなるということです。

本人的には「書けるところから書いた方が速い」という理屈かもしれませんが、現実的に言えば、「全体をとおして何を書いていくか…」が、まとまっていない内に、部分的なパーツだけを書いても結果はむしろ遅くなるだけ、ということです。

書いてしまった無茶苦茶なパーツを、後で継ぎ接ぎしながらまとめるくらいなら、最初に時間をかけて全体の構成を考え切って、どんな流れになるのかを頭の中でイメージできてから書く方が、無駄もなく断然速くなります。

「だからそういう部分は編集者が…」という声が聞こえてきそうですが、何度も申し上げてきたとおり、コンサルタントの本の場合、これはムリな相談というもの。原稿全部を書き切って渡すくらいでないと、出版の夢が近づいてくることはありません。

再度申し上げますが、本は冒頭から書いてください。言ってしまえば冒頭の20ページから30ページで本の持つ力や方向性は決定してしまいます。書籍全体を構想し、そして冒頭で何を書かなければならないのか。これができてはじめて、その続きを書いていくことができ、流れをつくっていくことができるのです。

そういう意味では、「自分は本を2週間で書いた」とか、「1ヶ月もあれば十分でしょう」と言った「執筆の速さ自慢」にしか聞こえないことを、盛んに言う人もいますが、こういう競争？に巻き込まれないことも重要です。

当たり前ですが、本は「出すこと」が目的ではありません。もちろん速くて結果も凄いなら言うことなしですが、やはり仕事に繋がらなければ意味がありません。例え2週間でも、もっと言えば3日間で書けたとしても、結果に繋がらなければまったく時間の無駄ということです。速さを競ったところで目的を履き違えているのですから、これに乗ってしまったら絶対にダメということです。

現実的なことで言えば、一冊の本を書くとなれば、少なくとも3ヶ月は覚悟すべきです。関わった多くのコンサルタントの方々で言えば、6ヶ月くらいかかることも決して珍しくありませんし、もっと長くかかっている方もたくさんいます。

遅いかどうか、それは本人が決めることですが、私に言わせれば仕事につながらない本を出すことこそ、最も「時間効率が悪い」ことであり「遅い仕事」です。薄っぺらい内容の本を短時間で出したことが自慢の人のクチ車に、決して乗せられないように注意していただきたいと思います。

講演と本の決定的な違い

作業効率を考えるタイプの人は、この他にも、自分が登壇した講演やセミナーなどを収録して、その音源から文字起こしして本を作ろうと考える人もいます。この場合、あなたがBゾーンやCゾーンの先生なら話は別ですが、残念ながら、Dゾーンのコンサルタントの方であれば、まずお薦めしません。

理由は、講演などの場合、話の内容そのものも重要ですが、その場がもたらすライブの臨場感や、もっと言えば声質や抑揚、熱気…など、魅きつける総合的な力によって「素晴らしい内容」と感じているからです。

実際、どれだけ素晴らしい内容であっても、暗い表情で抑揚のないボソボソした声で話をすれば、講演の評価は極めて低くなるでしょうし、感激もまずありません。しゃべった内容を文字にしたら、意外といい内容だったとしても…です。

このちょうど逆がよくあるパターンです。「すばらしい話だった！」と参加者から高評価だったとしても、それはむしろ、ライブ的に良かっただけで、文字にしてみたら「全然普通」ということが本当に多いのです。

これは何もその人に問題があるという訳ではありません。「話し言葉」と「書き言葉」では、そもそも密度が全然違うことが原因です。「書き言葉」は情報の凝縮が要求されるので、講演を文字にしただけでは、やたらスカスカの本になってしまうのです。

たまにビジネス書で、文字量の割には内容が薄く、水で薄めたような「ジャブジャブの本」に出くわすときがあります。ご丁寧に大きな文字が多く、ゴチック文字も多用されていますが、そもそも何が言いたいのか分かりにくく、論理的な説明も希薄。ページはサクサク進むのですが、逆に言えばどこにも「ひっかかりがない」という本です。

本書がそうした部類にならないことを祈りますが、こうした「ジャブジャブの本」は、ほぼ間違いなく「収録音源からの文字お越し」でできた本です。

例えば一冊の本をつくるとしたら、ざっと5時間から6時間分くらいの講演内容が必要なのですが、それだけの時間、違う内容をしっかり話せる人も限られます。これは、2時間の講演を3回とか収録してもまるで不十分です。一つのまとまりとして6時間必要であり、2時間の話は、やはり2時間のまとまりだからです。

違うテーマで話したはずの3つの講演でも、文字にしてみるとその重複内容の多さに驚かされることになります。ざっと半分以下になるイメージです。それだけ、「同じ意味の話」をしているのですが、一つの本にするとなると、よほど訓練している人でない限り、内容の整合性をとるのはまず不可能です。このため、本人が考えている以上に「文字越ししても使えない」ということが起きるのです。

ちなみに、編集者の中には、著者と打ち合わせをする際、小型の録音機材を横に置く人が結構いると思います。しっかり後で聞いて、それを編集に活かしてくれている…と思われているかどうかは知りませんが、実は後で聞き直すということは、余程の新人編集者でもない限り、まずありません。こういうと何ですが、「何かのときの保険」だったり、著者に対して「ちゃんと聞いていますよ」というパフォーマンスだったりします。

もちろん、保険かけておいて助かったということもあるでしょうし、インタビューした話そのままを文字にする必要がある場合もあります。しかし、基本的にビジネス書などの企画編集においては、打ち合わせの際に自分がメモした「キーワード」を見た方が、仕事的には断然速いのです。

優れた企画者や編集者であれば、「一つのキーワード」があれば、それだけで本の構成をイメージして組み立てたり、原稿の方向性を決定することは良くあることです。代わりにすべての原稿をゴーストライティングできる人もいるくらいです。

打ち合わせは打ち合わせですから、本の原稿そのもののために話をしている訳ではありません。録音した何十分もの音源を、後からもう一度聞きなおしてそれを…というのでは、あきらかに時間がもったいないのです。

つまり、話し言葉を、書き言葉に書き換えるのは、これだけでも作業としては相当な時間を要しますし、密度を高めるための作業としては無駄が多いということです。本にするのなら、最初から文字として書いたほうが、どれだけ速い事か…ということです。つまり原稿を書くということは、

自分の主義主張を、頭の中で論理的にまとめて巨大な塊にする行為

ということです。

当然、苦痛を伴うことですし、忍耐も本当に必要です。言いたいことがまとまらなければ、丸一日考えても、一行すら進まないこともあります。

言葉は悪いですが、講演なら、何を話そうが支離滅裂だろうが、その場の空気で押し通すことも可能です。そして時間がくれば終われます。

執筆ではこれらが一切許されません。内容的に薄い本でも構わないというのならともかく、コンサルタントが経営者に対して持論をかざしていくような本としては、決してお薦めできないのはこうした理由があるからです。

なお、もしパソコンのキーボードが極端に苦手だとか、指をケガしてしまった…といった場合、さらにはどうしても音声で書きたいと思う方は、進化の著しい「音声入力ツール」

を「訓練して使う」ことをお薦めします。

キーポイントは、「話をしたものを文字にする」のではなく、「文章のために話す」ということです。このため、「訓練」が必須なのです。

これは、実際に試していただくとスグにご理解いただけると思います。日記程度の気楽な文章ならスラスラ適当に話せるのですが、「本の原稿用の文章を書く」ためにマイクに向かって喋ろうとすると、驚くほど「言葉がでてこない」ということに直面します。

本の原稿でなくても、仕事上の重要な文章でも、重い内容のコラムや雑誌用の原稿でも結構です。いずれにしろ、「自分が何を言おうとしているのか、まるで文字を書くかのごとく頭の中で文章として完成させた上で喋る」ことをしなければ、単なる文字お越しと同じで、ほとんど使えないものになってしまいます。

音声入力に対して「あれは使えない」という人と、「すごく使える」という人がいますが、ツールとしての性能以前に、本人の文章作成能力の問題の方が、実は遥かに大きいのです。実際、現在の音声入力ソフトの能力は、すでに「驚くほど認識力が高い」のが実情で、「頭の中で文章を完成させて話せる人」であれば、キーボードで文字を打つより、2倍から3倍くらい速く文章を書けていたりします。ご参考までに記しておきます。

2 絶対にやってはならない5つのダメ出版

原稿執筆に関して、まず「書き方の実務」についてご説明してきましたが、次に「これだけは絶対にやってはダメ」ということについてお伝えしておきます。どれだけよく文章が書けていても、ここをミスってしまうとアウトだからです。

これらは、関わっているコンサルタンの方々に、常に口酸っぱくお伝えしていることです。「やってはならないこと」を踏み外していると、せっかく出した本が効果を発揮しないのみならず、残念な結果になったり、ヒドイ場合には、自分のビジネスに大きなマイナスを引き起こすことさえあります。

怖いのは、多くの人がほとんど気づかずに「やってはいけないこと」に足を踏み入れてしまっていることです。

本人的には無意識だったり、「そういうアドバイスを受けたから…」といったパターンです。実際、そういう方々何人にも遭遇してきました。

「こんなはずでは…」と後悔しないためにも、これらのポイントは必ず押さえておいてください。

やってはならない1　KPM出版

さて一つ目は、最も重要なKPM禁止というものです。これはコンサルタントの方々の出版であれば「絶対」条件です。KPMとは「**コピー、パクリ、モノマネ**」の頭文字です。そのまま日本語で軽い感じで恐縮ですが、事の重要性は超がつく重量級です。

これは、当社が一貫してお伝えしていることですが、コンサルタントビジネスにおいて、「独自性」や「オリジナリティ」があるかどうかは、ビジネスの成功はおろか生死を分かつほど重要な要素だからです。

自分がこれまでに積み重ねてきた様々な知識や経験、現場で培ってきたノウハウ、そして試行錯誤の中から編み出した手法…、これらを一つのカタチとして体系化し、多くの経営者や企業に対して指導提供するのが「コンサルティング」です。

何か資料を見つけてきてコピーして提供したり、誰かがやっていることをパクッて教えたり、見よう見マネで偉そうに話をしたり…で、一体誰が「高いフィーを払ってくれる」のか、「誰が尊敬してくるのか」ということです。

その他大勢のライバルと価格競争になったり、他者との違いや強みを訴求できないのは、他ならぬ自分自身がモノマネをしているのが最大の原因だったりします。要するにKPM程度で済む仕事であれば、これはとてもコンサルティングとは言えないのです。

コンサルタントとは、「コンサルティングができる人」です。当たり前に聞こえるかもしれませんが、世の中、まともにコンサルティングができないのに、肩書としてコンサルタントを名乗っている人がどれだけ多い事か…。

こういう人たちを、当社では「自称コンサルタント」と呼んでいますが、こうした中にはこともあろうことか、「どんどんパクりなさい」などと指導？している人もいたりしますが、**もし出版でこのコピーやパクリなどをすれば、それはれっきとした「犯罪」**ということです。

感情やイメージで言っている話ではありません。「盗作」は、間違いなく著作権侵害ですから、裁判になれば確実にアウトです。

重要なことは、普段からＫＰＭばかりしている人は、自分の頭を使わない癖、もっと言えば、「頭をつかって生み出す訓練をしていない」ために、本を書こうとしても、自分で文章が書けないということが起きます。冗談で言っている話ではなく本当の話です。人間の脳みそは、訓練していないと確実に退化するからです。

このため、「どこかに良い文章ないかな…」という、およそコンサルタントの本の書き方とは程遠い、コピーしてきた文章の継ぎ接ぎや、どっかで読んだことがある内容ばかりといった本ができあがったりします。オリジナリティーなど当然ゼロという、まったく、無価値で紙の無駄遣いとも言える本です。

こうした本を、まともな経営者が手にしても、「見破られない」と思っているかどうかは知りませんが、出版したばかりに「脳ミソの程度がバレる」ということは覚悟しておいたほうがいいでしょう。

世の中、アタマが悪いと思う人に、コンサルティングの依頼をする奇特な人はいません。本をだしたら仕事が減って、「こんなことなら本を出さなければよかった」という話は、本当にあります。

ある意味、これまでは口先だけで誤魔化してきたのでしょうが、「化けの皮が剥がれた」ということです。自業自得ですから同情の余地もありませんが、そもそもＫＰＭばかりしてきた日常からやり直す必要があります。

ブログ一つでも、自分の頭で考えて必死に書かなければ、このＫＰＭの呪縛から逃れるのは至難の業になります。

まともな出版を願うコンサルタントの方からすれば、こうしたことは初歩的なことかもしれませんが、絶対に避けるべきこととして、心に刻んでおいてください。

やってはならない2　単著ではない出版

一つ目の条件は「絶対」でしたが、2つ目は「できれば避けたい」条件と思ってください。単著とは、いわゆる「著者が一人の本」です。これ以外とはすなわち、複数の執筆者による連名や共著といった類の本です。

仕事柄、周囲に出版関係の人や著者の方々がたいへん多いため、申し上げにくいことも多々あるのですが、連名や、大勢の中の一人に入っている出版は、ご想像されているような効果を発揮しないのが理由です。

たまに、「念願だった本がついにでました！」と喜びの声と共に、こうした本を寄贈いただくことがあるのですが、こちらとしては喜んであげていいのかどうか、実に悩ましい感覚になってしまいます。

なぜコンサルタントが書く本は、単著でなければならないのか。その最も大きな理由は、「本は、一冊まるごとで完成品」であり、複数やその他大勢の人が関与している場合には、リーダーしか注目されることがないからです。要は、パーツを書いた人はその努力むなしく、「仕事はリーダーに行く」ということです

これは劇団とか、オーケストラをイメージすれば、スグご理解頂けると思います。主役とかリーダー、指揮者などは自然と注目されますし覚えてもらえますが、その他大勢の人

は、「いないと演劇や演奏は成立しない」のですが、言葉は悪いですが、「替えはいくらでもいる」というのが悲しいほどの現実です。

出版では、ここまで酷くはないにしろ、やはりリーダー役は注目されますが、二番手、三番手、その他大勢の人への注目は、段違いに下になることは間違いありません。これは世の中の現実なので、仕方がないことです。

誰でも1番は覚えていますが、2番やましてや3番になると、よく覚えていないものです。クイズなどで、世界で1番高い山は…といったのがありますが、3番目と言われて答えられる人はほとんど居ないのと一緒です。

自分が関わった本が出る、このこと自体が念願だったら当然、喜ばしいことです。また、何か専門学会とか、プロフェッショナル集団による極めて価値の高い出版への寄稿などであれば、これも非常に名誉のあることでしょう。

しかし、コンサルタントが自分の仕事につながるための本を出したい…と考えている中で、最初の本が連名だとしたら、本への憧れの気持ちは分かりますが、これは残念ながら、「もったいない」のです。本人が自覚しているかどうかはともかく、「下の格」に自分をわざわざ落とすことも、戦略上大きな損失です。

これが、企業が会社として出す本で、社長の名前の下に部長やその他大勢の人の名前があるのなら組織上分かることですが、どこにも属していない、雇われてもいない独立起業している一匹オオカミのコンサルタントなら、なぜわざわざ「自分を誰かの格下にする」必要があるのか…ということです。

クライアント先で、社長と専務と部長と平社員がでてきて、あなたは誰と話をしようとしますか？　誰を一番重要と考えますか？　それと同じです。

自分が何かの組織の長であったり、自分がとりまとめているグループのリーダーとして、連名の筆頭で本が出るのであれば、単著に比べれて書籍の力は限定的になるものの、「メンツを保てる本」として有効でしょう。

士業系の大先生などが、所内の若手職員と連名で本を出す場合などが、こうしたパターンの典型例です。大先生からすれば、ごく一部の原稿を書けば本が出せますし、何よりリーダーとしての出版です。一方、所内にいる若手職員からすれば、「自分の名前が入った本が出る」とか「出版の経験を積める」というのは、ありがたいことなのです。

ある意味、双方の思惑が合致している出版と言えるでしょう。こうした場合を除けば、できれば避けたい出版スタイルとお考えください。

やってはならない3　シリーズ展開されている中の一冊の出版

連名での出版に似ているものとして同じく避けたいのが、出版社などが企画して進めている、「大勢の著者で展開しているシリーズ本の中の一冊を書く」ことです。

こんなことを言えば、出版社の人からお叱りを受けそうなのですが、あくまでも「自分の代表書籍がない」人が、○○シリーズの中で書いても、それは連名による出版とさほど変わりませんよ、ということです。

例えば、「ビジネスマンのための実践90日シリーズ」とか、「エグゼクティブが身につけるべき会社の数字シリーズ」といった企画を出版社が考えていたとします。

全体として当初は10冊を発行、調子が良ければ増やしてく…という計画を立てていたら、まず最初にシリーズに収録すべき10冊の本のタイトルや内容などを考え、それを書ける人を探して依頼するという手順になります。

もうお分かりだと思いますが、この時に依頼される原稿とは、基本的に「内容も、書き方も決められた制約の中で書かなければならない」ということです。自分勝手に好きな論調や、シリーズ内の他の本と協調性のないもの、シリーズにそぐわない内容であれば、出版社側とすればシリーズの価値を棄損しかねないので困るのです。あくまでも「シリーズ全体」として考えられた本の集まりだからです。

このため、確かに単著として出版されている本であっても、これは著者本人の企画でもなければ、主義主張が書かれた本人の代表作でもない…ということは、見る人が見ればスグ分かることになります。これではコンサルタントが書く本として、仕事につながらないことは言うまでもありません。

もちろん、連名のときと同じく、出版に関する他の理由や想い、他に代表作があった上での人助け…などの理由があれば話は別です。お含みおきください。

やってはならない4　自分の専門外の出版

4つ目のダメ出版は、文章を書くのが好きだとか、得意にしている人に起こりがちなミスです。スラスラ書けてしまうので、出版社から原稿を頼まれたりすれば、「はい、いいですよ」と二つ返事で書けてしまうのですが、問題はその中身やテーマです。

先にも申し上げたとおり、本は一度出してしまうと書籍としての物体を消すことはできても、データベースを消すことはほぼ不可能です。

気楽に受けた仕事なのかもしれませんが、ライター業でもない限り、単著で出た本のタイトルに何の脈絡もなければ、自分のビジネスの専門性が失われる行為だけに、避けるに越したことがありません。

避けるべきで言えば、同じビジネス書の中のテーマであればまだ屁理屈もこねられますが、まったく無関係のジャンル、特に趣味の内容や恋愛モノ、妙な小説などを書いてしまえば、本人の自己満足度とは裏腹に、陰では「あの人、あがったね…」と思われかねません。「あがる」とは本業に精力込めて仕事をしなくなったり、浮かれて遊びがはじまっている状態を指します。

面白いもので、この手の「遊びの本？」を書かれた人は（大半が年配の大先生ですが…）、どうもご自分でも「何かマズイ」と思っているらしく、特に出版に関してウルサイ五藤には、まず事前に話をいただくことはありません。これはほぼ１００％の確率なので、全員、確信犯？だと思っていますが…。

本が出来あがってから、「怒られると思ったので言わなかったんだけど…」と、大先生らしからぬ言葉を添えて本を頂いたりするのですが、出てしまった本ですから、もう後の祭りです。きっとそれだけ「どうしても出したかった」のでしょう。

お気持ちはよく分かるつもりです。誰でも、自分の好きなことを書いて本にして出してみたい、そしてそれが売れて評価されたら、本当に素晴らしいことですし、嬉しいことです。ですから本を書かれたことを責めるつもりは毛頭ありません。

しかし、この「遊びの本」は「ご自分のビジネスを終わらせていく行為」だと、本当にご理解されているのか…ということです。人生を賭けて最後にどうしても書いてみたかった…というのならいざ知らず、趣味の延長として「書いてみたかった」という程度であれば、なぜ「ペンネーム」で出さないのか…ということです。

書きたいだけならペンネームで充分のハズです。これなら本業の名前に一切、影響を与えません。まさに趣味として、遊びとして、素敵な話だと思います。実際、ペンネームで書かれているコンサルタントの方もいます。趣味は「小説を書くこと」という方ですが、これなら「小説の実力で売れた」と自分の中でも本当に誇れるでしょう。

どうせ趣味をするなら、本業とは無縁な状態で思い切ったことができる方法を選んだほうが、羽を伸ばせて楽しいこと請け合いです。

ですから、もし本業の名前で本を出そうとしたら、そこには必ず何か別の思惑が潜んでいると思ってください。本来、理性的に考えれば絶対にマイナスなことくらいは自分でも分かっていることだからです。

自分の中にどこか大事なことを忘れていないか、どこか屁理屈をこねようとしていないか…、ぜひ確認してみてください。出した後からでは遅いのですから。

やってはならない5　全部出しきり出版

ダメ出版の最後は、「持っているものを全部出さないと売れる本にならないよ」という、出版関係者がよく口にする言葉を、そのまま鵜呑みにして「出し切って書きました！」というパターンです。

これこそ、編集者に怒られそうですが、現実問題として「あなたが持っている、全ての知識やノウハウを書いたとして、その後どうやって商売をするんですか？」ということです。大真面目な質問です。

言われたとおりに全部出し切ってしまい、その後のビジネスで大変苦労されている人がいます。また、次の本を書こうにも、もうネタも尽き、ほとんど書いてしまっているため、似たような内容になってしまう…。

こうした悩みを抱えている人も結構多いのです。あなたはどう思いますか？　結論から言えば、そうした言葉を鵜呑みにした本人が悪いと断言します。理由は単純です。

「自分のビジネスは、自分で守るしかない」

からです。

編集者も決してハメてやろうなどとは思っていません。純粋に、原稿を読んで売れる本にしようと考えて、「この部分が弱い」とか「ここにもう少し突っ込んだ原稿が欲しい」といった「良くしてあげたい」という想いでエールとして言ってくれています。

足りない原稿として何をだすのか…は、当たり前ですがその裁量権は著者本人が持っています。だからこそ、「言われたから出した」では話になりませんし、それで被害を被ったとしても、それは自業自得ということです。

こういう被害にあわないためには、そもそも論として、「事前に何を書くのか」を材料も含めて戦略的に決めていることが重要です。これこそが出版戦略なのです。

この部分が不十分であれば当然、一冊の本として商業出版に値する品質に届かないことが起きてしまいまい、「他に材料ないの？」という編集者からの強い要望や指示が来るわけです。

ですから当社から言わせれば、「全部ださなければ…」と言われるとしたら、「仕事につながるような本をだす、そういうレベルにまだ達していない」、または「出版戦略がしっかりと練れていない」と判断します。

変な話、そのとき出版を取りやめても、チャンスなんていくらでもつくることは可能です。いい原稿を書きなおせば本になりますし、材料がたまってからでも遅くはありません。

しかし、出し切ってしまえば、取り返すための苦労は半端ではありません。書かなくてもいい余計なノウハウまで書いてしまったがために、仕事が取れなくなって苦労している人をご存じでしょうか？　こういう人を知らないからこそ、「持っているものを全部出して」などとお気楽なことを言えるのです。

本を読む人の中には、「お勉強がしたくてたまらない」という層がいます。大きく分ければ、「人に使われる」層であり、身につけた知識やノウハウそのものを使って、労働対価を得ようと考える人たちです。

この人たちは、「自分はお金を払ったのだから、1000円だろうが2000円だろうが、そこにノウハウが詰まっていなければ許せない」と考えるため、そこに照準を合わせている場合、いわゆるハウツー物の本となりがちです。

一方、経営者向けの本を展開するとき、「判断の基準や考え方」を示すことが重要となります。実務そのものや作業は、社員などに指示してやってもらうからです。むしろ経営の舵取り、方向性の決定のために、どう判断していくのか…、これを決めていく材料や基準、考え方にこそ価値があるのです。これが出ていなければ経営層の読者は納得しません。

このことが分かっていれば、自分が対象とする読者に、何をどこまで提供しなければならないか、自ずと分かってくることです。

いずれにしろ、自分のビジネスが、「何を本質的に提供しているのか」が定まっていなければ、知識やノウハウ、事例などを書こうにも、単に表面的なことを書く以外に方法がない状態になってしまいます。

本質的に提供しているものに対して、一階層、二階層と次元を上げて説明できなければ、経営者に対して汎用的に理解してもらったり、判断の材料として参考にしてもらうことは不可能になります。

第6章

本を活かして、一流コンサルタントとして長期活躍する

1 出版で手に入る本当に大切な3つのもの

本を出すということの意義と本質

本を出すと人生が変わる——。

このフレーズを口にする人は結構多いと思います。実際、自分のビジネスが強烈に廻りだし、仕事もおカネも増えて本当に充実するようになった…という人は周囲にたくさんいますし、そうした光景を数多く見てきました。

本書冒頭でご紹介したKさんもそうした代表例です。本が無かった時とは全然違う感覚であり、武器としての本を手にしたからこそ分かる、出版の醍醐味というものでしょう。

しかし、この出版に関する本当の意義や手に入るモノというものは、著者になったすべての人が知りえるものかと言えば、決してそうではありません。

当然ですが、出版における深さ、ビジネスとの絡み、戦略性といったことに対して、どれだけ考えられているかによって、得られるものも違ってくるからです。

ごく限られた選ばれし人、しっかり出版戦略を組み立てて、布石がごとく出していった、まさにターゲティング出版を実現した人でなければ理解できない部分も多いのです。本が売れれば分かるという単純なものでもなければ、単に本が出ただけでは、決して手に入らないものです。

そもそも、本が出ることで何が手に入るのか…。これを理解しておく必要があります。よく言われるのが「先生ポジション」です。

いわゆる「私は本を出しています＝先生です」とアピールできる訳で、一階段上にあがれのです。世の中、本を出している人とそうでない人では、正直見られ方が変わります。この立場を使って仕事が寄ってくるとか、講演の依頼がくる…というメリットは確実にあります。

セミナーや講演企画をする会社では、本を出している人の方が、集客パンフレットなどを用意する際に「材料」がありますし、知名度を活かせば人も集めやすいので、依頼しやすいという利点があります。

ですから出版関係の人で、こうした、「仕事が増えること」や「先生ポジション」といった点を出版のメリットとして挙げる人も多いでしょう。

また、「販促用のツールとして」や、「社会的な信用度のアップ」を挙げる人もいます。それらも確かにメリットと言えることだと思います。

しかし当社では、関わるコンサルタントの方々にはもう少し違うメリットをお伝えしています。コンサルタントビジネスに携わるからこその、本当に大切な3のものが手に入ると考えているからです。

その大事な一つ目は、「**頭の中の強烈な整理**」です。「わざわざ本を書かなくても頭の中の整理くらいできる」という人もいるでしょう。「本を書いたけど、特に何も変わらなかった」という人もいるでしょう。

大切なことは、「自分のビジネスと直結した長期戦略で、出版をシリーズで展開していく」ことを考えるとき、その布石となる本の執筆には、否応なく自分の頭の中の整理を強烈に迫られる…ということです。整理がされていなければ、複数の本はおろか、一冊の本でさえすぐに矛盾がはじまってしまうからです。

極端な話、コンサルタントにとって出版の最大のメリットは、「アタマの中の整理」と断定してもいいくらいで、本を出した後、クライアントへの説明に論理性や鋭さが増し、迷いもなくなってコンサルティングの成果も格段に上がったといったことは、本当に良く起きることです。

自分の頭で必死に考えて原稿を書いたことで、これまで経験や勘だよりの、どこか曖昧だった部分がなくなり、「自分の中で完全にモノにした」状態になります。

この価値は本当に大きいものです。「本が出たことより何倍も価値があります」と表現した人もいるくらいです。それだけ、頭がねじれるほど考えに考え抜き、文章を書いていたという証拠です。

逆に言えば、誰かに書いてもらったり、講演の音源から本にしたり、ブログから本をつくろうとしたり、２週間くらいで適当に書いた本だったりすれば、これはほぼ、「自分のビジネスを革新させるような頭の整理は期待できない」ということです。言うまでもなく、速さや手軽さを優先したのですから、これは仕方がないことでしょう。

何かを得ようとすれば何かを捨てなければならない――。出版に限らず、すべてにおける真理ですから、本当に大事なものを得たければ、どんなに辛くてもその道を選択するしかありません。楽な道を選ぶのは、それがどうしても必要な時に限るべきでしょう。

頭の整理によって手に入った圧倒的なパフォーマンスは、自分のコンサルティング人生の寿命を延ばすことにも直結します。

多くのコンサルタントは、**生命体としての寿命とは無関係に、「クライアントがいない」、ということで、事実上の廃業となっていく人が大半**です。言ってみれば、依頼されないから仕事にならないので辞める、ということです。

こうなる原因は様々にあるのですが、「同じことばかり言っている」とか「新しい提言がない」…といったことが大きな理由だったりします。要は「この人はもう古い」というレッテルです。

新たな提言、新たなテーマによる出版、そして頭の整理が手に入れば、それだけ斬新さを取り戻せることにつながります。自分のコンサルティング人生の延命のためにも、果敢にチャレンジして頂きたいと考えています。

ちなみに、日ごろから鍛錬していれば、トレーニングで筋肉がついて強くなるのと同様、歳を重ねても他の人より落ち込むスピードを抑えることができます。本を毎月のように出すことは不可能でも、日々の定期的なコラムの執筆は、文字どおり訓練となるものです。その延長として次の出版を、ぜひ期日を決めて実現させていってください。

ビジネスに対する自信の根源とは何か

出版する意義の2つ目は、「強烈な自信」です。これは「自慢」や「虚栄心」、「自己満足」といった類のものとはまるで違うものです。

例えば、著者になったとか本が出せたとか、先生になれた…などによって自信が持てるようになった…と思う人も多いかもしれません。しかし、これらはすべて、他者との相対から得られるものであり、言葉は悪いですが、いわば、「お金で勲章を買う」というのと一緒ということです。

ずいぶん酷い言い方だと叱られそうですが、当社ではむしろ「ビジネスで考えるとき、お金で有利になれるなら、それは大きな選択肢の一つ」と申しあげています。

よく「自費出版はダメだ、あれはお金で出しているだけだから」…と声高々に言っている人がいたりします。面白いですよね、同じ本なのに。上下を無理やりつけるのはどうしてですか？　ということです。

人は分かりやすいもので、そこを気にしていればいるほど、何がなんでも上下をつけたがるものです。

ビジネス的に考えれば、「お金を払って本をつくろうが、お金を掛けずに本をつくろうが、商売繁盛につながるならどちらでもＯＫ」というのが、まともな経営者の判断というものでしょう。無料の広報やＰＲは良くても、テレビやラジオのＣＭ、ネットを使った広告宣伝はダメだ！　というようなものです。

実際、企業が自社の商品やサービスの良さを知ってもらうためにつくる本は、多くの場合、外注で制作し、それを販促ツールとして流通させたりします。社長が余程の執筆マニアでもない限り、どう考えても時間コストに割合わないからです。

企業として販促の一環として出版を考えるなら、その費用は「販促費」として考えるのが当然です。要はお金を投じて本をつくり、それを用いて他社より一つ上のポジションをつくりだす訳です。

ですから、他者との相対のレベルで手に入るものであれば、難しいことなど考えなくても実は簡単に手に入りますよ、ということです。ご理解いただけるでしょうか。

しかし、ここで言う、「強烈な自信」とは、自分の内側から醸成されるエネルギーです。分かりやすく言えば、「**脳から紡ぎだした比類なき理論やノウハウ、自分にはこれがある！**」といった自信です。

当然ながら、この自信は、もがきながら必死に考え抜いて書いたからこそ、密かに宿るものです。本さえでれば誰にも宿るといった安っぽいものでもなければ、簡単に手にはいるものでもないのです。

この「強烈な自信」がどういうものか…。例えば、10年、20年と時代の荒波を切り抜け、経営を続けてこられた社長さん方に、「もし、情勢が急変して今の商売が明日からダメになったらどうしますか？」と訊いてみたことがありますが、不思議なくらいに答えはほとんど一緒でした。

「**これまでやってきた自信があるから大丈夫。また新しい商売を考えるよ**」

これに似た心境と言えば言い過ぎかもしれませんが、強烈な自信は、経営指導にも自分のビジネス展開にも大きな影響を与えることは間違いありません。

だからこそ、手抜きして本を出そうとすることなど、本物を目指す人からすれば、いかに馬鹿げていることか…なのです。

重要なことは、本が売れてその時だけ「光っているふう」に見える人はたくさんいますが、ものの数年で消えていってしまう人が後を絶たないことです。

相対的に得たポジションで、上辺だけの自信であれば、それはいわば砂上の楼閣がごとく、わずかな風雨にさらされるだけで消え去っていくことになるからです。あなたが目指しているものは、そんな程度のものですか？　ということです。

コンサルタントビジネスで、自分の人生を本当に活かしながら頑強な地位を築いていくことを考えるなら、本物を目指すことに尽きます。本物の道を選択し、本物のやり方をすることで、本物の自信も宿ります。

本物の自信が宿った人は、決して一過性にはなりません。他者から与えられた火ではなく、内発的に燃え盛る炎だからです。

自分の存在の証明

当社が考える、出版する意義の3つ目は、これはある意味「男性」に、より理解されやすいものだと思います。「本がこの世に残る」という意義です。

「なんだそんなことか」と思う方も多いかもしれません。しかし、本が残るという意味は、もっと深遠さを含んでいます。それは、「**日本国が消えない限り、あなたが著した本は、永久に国会図書館に所蔵される**」ということです。

実は、一般にはあまり知られていないのですが、納本制度という法律があり、著作物を出版したら速やかに国立国会図書館へ納入することが義務付けられています。

義務といっても期日や罰則がある訳ではないので、かなりいい加減な対応しかしていない出版社があることも事実ですが、大手の出版社であれば、ほぼ間違いなく国会図書館に本を納めています。

本を出したことがある人であれば、国会図書館のウェブサイトで検索してみると、自分の本が表示されるはずです。もし出てこなければ出版社が納本を忘れているということですが、納本は誰が行ってもいいので、著者が送っても問題ありません。しばらくすれば、データベースに掲載されます。

実際に国会図書館に行ってみると、自分の本を手にすることができます。書店や一般の図書館と決定的に違うのは、「永久的に所蔵」という部分です。書店店頭からは本が売れなくなれば淘汰されますし、一般の図書館でも所蔵する総量に限りがありますので、廃棄や寄贈などで収録図書がなくなることはよくあります。

末代まで残る…。自分に子供がいるかいないかはともかくとして、「この世に存在した証」を、何か刻み残したいと考える人は多いと思います。

女性で子供の出産を経験した人であれば「自分がお腹から産んだ」という、強烈な実体験によって「自己肯定感や存在意義」を得られると言われていますが、子供がいない人や自分のお腹から産むことができない男性の場合、どうしてもこの実感を得ることが難しいのです。

なにせ、男性の場合、女性とは違って本当に自分の子供かどうか、実感としては分かりえないわけで、「自分にすごく似ているから間違いない」とか、ＤＮＡ検査で調べたから大丈夫…といった「理屈で理解している」というのが本当のところなのです。

言い方は悪いですが、「誰が父親かはともかく、ワタシが産んだ子！」と言い切れる女性の感覚とは、大きな開きがあると言えるでしょう。

生きてきた証、存在意義というのものは重要です。これが無いために根無し草のように、フラフラしている人もいます。出版ですべてが解決するとは言いませんが、一つの納得できるカタチになることは間違いありません。

自分が考えていたこと、自分が編み出したノウハウや手法、これらが文字となって永遠に残るのです。意思や思考が詰まっているだけに他の製品よりも、自分が生きていたという証として、より重要度や満足度は高いでしょう。

こうしたことを考えるとき、出ればなんでもいいではありませんが、適当に書いた本であれば、子供や孫がいて、「こんなどうしようもない本を書いていたんだ」と思われたら、本当に悲しくないですか？ということです。

どうせ残すなら、本当に自分の人生を賭けた、魂を込めた本を残したいものです。ビジネスに直結することも当然ながら、本気で書き記した、自分ならではの本。これを残したいものです。

少なくとも当社では、関わるコンサルタントの方々に、この大事なことを強くお伝えして、出版戦略を進めていってもらっています。

2 出版に込めるべき願いと長期戦略

大いなる活躍のために打つべき布石

さて、本書の末尾にぜひご紹介したい話があります。私が最初に関わった営業コンサルタントのFさんの話です。最初にお会いしたのは8年くらい前のことです。彼はコンサルタントとして活躍することを夢見て、様々な活動をされていましたが、なかなかきっかけがつかめず、もがき続けていました。

Fさんのことは、私の他の本にも書いていますが、かいつまんで話せば、営業コンサルタントとして活動していましたが、その対象者がいわゆる営業スタッフ向けであったため、本も出されていましたが講演依頼しかこない状態だったのです。

本物のコンサルタントとなって活躍したい…という彼の願いをかなえるべく、アドバイスをしていったことはある意味単純です。

「コンサルティングの対象者を、決済権限のある経営者にする」、「自分が展開するコンサルティングを、パッケージングする」、「それら全体をキラーコンテンツ化させることで、営業をしやすくしていく」…といった内容になります。

そして営業策として、自分でセミナーを開催してクライアントを獲得できるようになること、そして出版を戦略的に展開することを提言しています。この両輪により、コンサルティングビジネスは回転力を増幅させていくことができるようになったのです。

全体像としてとても参考にしていただけると思いますので、前著など、まだお読みになられていない方は、ぜひ手にされることをお薦めしますが、いずれにしろ、本書冒頭でご紹介したKさん同様のことを、Fさんにも実践していただきました。

結果を先に申し上げれば、Fさんは、ターゲティング出版戦略を用いて作り上げた新たな本を武器にして、見事に「依頼が絶えないコンサルタント」となって活躍されることを本当に実現しました。

では、「さぞ、本が売れたんですよね？」と思われる方も多いでしょう。そう、これが本当に興味深いのです。

なぜなら、経営者向けに出すために戦略を練って出した本は、予想を遥かに下まわり、全然といっていいほど売れなかったからです。ここで部数を公表することは控えますが、正直、出版社はいい顔をしません。

えっ　ダメ？ 本が売れないんであれば失敗？　本来ならそう考えるのが普通です。しかし、これまでご説明してきたとおり、出版社的にはほとんど大失敗にも関わらず、ビジネス的には成功して大活躍を実現されているのです。

実際、最初のころFさんも「どうしましょう、本が思い通り売れません、たいへんです」と困った表情をされていました。こちらも心配にはなっていたのですが、「もう少し様子をみてください」とお伝えしながら、いくつかのポイントを確認してもらっていました。そして、徐々に状況が変わっていったのです。

本書で何度も申し上げてきましたが、**自分の仕事につながる出版とは、「事前に収益になるビジネスをギリギリでもいいので廻していて、そこに本が加わることで勢いが増す」という構造づくりが何より重要**です。

また、仮に本があまり売れなかったとしても、自分にとって仕事につながるツールでさえあれば、見込み客を少しづつでも開拓してくれる道具となるので、出版関係者が考える失敗とは意味が違う…ということもお伝えしました。

これがそのまま地で起きたのです。「本は売れないけど、仕事にはつながっている」というパターンです。

大きな声では出版社には言えませんが、本当のことなので致し方がありません。よくある、「本は売れたけど、全然仕事にならない…」というパターンのまさに、反対のことが起きた訳です。

こうしたことは、マグレで起きたように思う方もいるかもしれませんが、決してそうではありません。もちろん、正直な感想としては、「さすがにもう少し、本が売れてくれてもいいのでは？」とは思いましたが…笑。

ではなぜ、こうしたことが起きたのか…と言えば、それはやるべき順番を決して間違わず、考えつくした戦略どおりに、確実に手を打ってきたからに他なりません。

Fさんには口酸っぱく「自分でセミナー開催してください」と申しあげ、それを実行してもらっていました。これは呼ばれて話をする「講演」とはまるで違うものです。見込み客に、みずからを首実検してもらうかのごとく、コンサルティングの説明をし、依頼するかどうかを判断してもらうのです。

自主開催は苦痛な上に、経費もかかるため、避けて通ろうとする人が本当に多いのですが、ビジネス戦略上、必須と言うべき極めて重要なものです。

当社では、この自主開催セミナーのことだけでも、直接指導するコースを設けているくらいなのですが、それはコンサルティングビジネスの大基本である上に、仕上げともいうべき出版後に、驚くほど大きな差になって現れてくるからです。

実際、Fさんの場合も、本が出た後に開催した自主開催セミナーでは、参加者は経営者ばかりで全員が「本を読んだ」とアンケートで回答しているのです。まさに、ターゲティング出版が成功した証です。

ちなみに、コンサルタントが自主開催するセミナーの場合、参加者は数人たらずということも珍しくありません。むしろ、10人以上集まるセミナーは、非常に珍しいと言えるでしょう。

たったそれだけ？　それでやっていけるの？　と思う人も多いかもしれませんが、高純度で決裁権をもった、そして目的意識のある経営者を集められるからこそ、高確率でコンサルティングのご依頼もいただけるのです。

ご説明してきたとおり、コンサルティングの単価は１００万円を越える方が大半です。これを数件ご依頼で…とちょっと計算いただくと、いかに凄いビジネスになるかお分かりいただけると思います。ここが講演やセミナー講師の先生のモデルと決定的に違うところなのです。

言ってみれば10冊売れるかどうかごとに1、2社セミナーに参加してもらってコンサルティングの依頼がされるという、ほとんどあり得ないような確率論が、本当に成立したりするのです。

Fさんはターゲティング出版から、こうしたモデルを自ら築くことに成功した訳です。３カ月先でなければ新規のコンサルティングの受付はできない状況が2年以上続いています。本の売れ行きだけを見た人は、「あれは大失敗だ」と笑っていた人もいました。セミナーを自分で開催しはじめたときにも、「参加者は3人しかいないだって、バカげたことを始めたね彼は」などと揶揄されたりしていました。

いまそうしたヤジ？　激励？　を飛ばしていた人たちは、どこへいったやら。本当に笑われるのは、「未来に対して、必死に手を打たなかった人」です。

コンサルタントとして大いに活躍したいと本気で考えるなら、まず自分独自のコンサルティングを体系化し、それを売るための「コンサルタントの営業方法」を身に着けることです。その重要な一手が、ターゲティング出版です。この王道を行くことで大いなる未来が実際に開けるのです。

出版で自社の事業ステージを変える

出版がもたらす効果やメリットなどについてご説明してきましたが、30年近く、出版に関わってきて者として、最後にぜひお伝えしておきたいことがあります。それは本がもたらす長期的な効果についてです。

本がいつ頃か、「単なる情報の紙の束」になってしまい、まるで本当にチラシのごとく安い扱いを受けるようになってしまいました。しかし、元々はとても貴重で、しかも高価なものだったことを、最近の人はあまりご存じでないかもしれません。

偉そうなことを言っていますが、こんなことを言っている自分も、最初はそんなことは露知らず、前職の会社の社長や編集長に「明治時代の本」について詳しく教えてもらったことで初めて知ったことです。当時売られていた本の価格は、現在の貨幣価値にしてざっと1冊1万円もしていたというのです。

当たり前ですが、今みたいなデジタル技術やパソコンなどは一切ない時代です。本をつくるにも大勢の人手が必要ですし、紙もインクも何もかも高価な時代です。物流も今のように整備などされていない時代ですから、高価になるのも仕方がなかったかもしれません。当然、一冊の本に託される思いは、今とは比べようもなかったことでしょう。

こうした時代に想いを馳せるとき、現代の著者が忘れてしまっていることは、「本が持つエネルギー」であり「長期のビジョン」と言えるでしょう。

貴重な資材を使ってつくられる極めて高価な本、当時このチャンスを手にした著者が、わずか1年や2年たらずで、使い捨てになるような内容を書くでしょうか…ということです。何年も何年も読み継がれ、売れ続ける、息の長い本になるように、まさに深慮遠謀をはかり世に出していたはずです。

「当時は時代の流れもそれだけゆっくりだった」という人もいるでしょう。しかし、どれだけ深く考えるかどうかは、時代のスピードとは直接関係のないことです。むしろ変化が激しいからこそ、本当は深く考えなくては、単に流されるだけの人生やビジネスになってしまう可能性が高いのです。

ですから本当に着目すべきは、本に込める想いや願いの深さ、熱さ、強さ…というものです。これが本のエネルギーと力を発揮する時間を決定づけます。

今の時代を昔の人が見れば、「なんと恵まれた時代だ」とうらやましがるに違いありません。昔に比べればはるかに簡単に本が出せるからです。

しかし、どれだけ速く簡単に本が出せるようになっても、もっと安く本がだせるようになっても、それを活かさなければ何も意味はありません。簡単にだせるメリットがあるなら、そこだけを活かして、想いは昔の人に引けをとらないように使えば、これほどありがたい時代はないということです。

エネルギーを高めるコツは、カタマリにすることです。文字は、塊になってこそ力を発揮します。真剣に考えた文字を強固にまとめるからこそ力を発揮します。これは量や頻度とはまるで違うものです。

例えば、砂粒を10万個、サラサラと浴びたところで別にたいしたことはありません。

恐らくちょっと痒くなる程度でしょう。

しかし、この砂粒をギュッと固めてカチンコチンにして、それをバンとぶつけられたらどうでしょうか？　痛いのはもちろんのこと、下手すると大怪我したり命に係わるようなことになるかもしれません。

本当に自分のビジネスを高みに持っていくことを考えるなら、売れる冊数も重要かもしれませんが、それ以上に、当たったら危ない…と思わせるほどの「影響を与えるカタマリ」をつくらなければ、単に痒がられる程度で終わってしまいます。

自分が書いた本で、一体どれだけ人に影響を与えようと思っているのか。どれだけ社会に新たな提言をしようと考えているのか…。コンサルタントであれば、この至上命題に対して、長期の視点で立ち向かっていくべきでしょう。

コンサルタントとは、他の職業とは違い、関わった経営者、そしてクライアント企業に対して、直接指導することができ、影響を与えることが可能な仕事です。まさに一気通貫で自分の考える想いを最後まで貫くことができる仕事なのです。

数ある職業の中からコンサルタントを選択するとき、単に「儲かりそうだから…」で、選ぶ人もいるかもしれません。人それぞれですので、このこと自体は決して否定はしません。しかし、それだけではやはり「人を動かす本を書くことはできない」のです。自分のビジネスの長期戦略の布石となる本を出すことも不可能でしょう。

一方で、これまで蓄えてきた知識や経験、ノウハウ…といったものを最高に活かして、コンサルタントとなって報われる人生にしたいと本気で考えるなら、必ずやその夢を近づけてくれる本を書くことができるでしょう。そして、本はあなたにとってかけがえのない武器となります。

出版の本質として、当社ではよく「孫悟空」を例にお伝えしています。ご存じのとおり、孫悟空は中国の四大奇書小説『西遊記』の主要登場キャラクターです。様々な術を使えることで有名ですが、中でも「分身の術」は、面白いですし、あれができればなぁ～と思う人も多いと思います。

頭の毛をブチと何本か抜いて、ふぅ～っと吹けば、自分の分身が何人も現れる…。誰もがよくご存じの術だと思いますが、実は書籍とはまさに「自分の分身」なのです。

ありがたいことに、あなたに代わって見込み客に話をしてくれ、休むことなく誰にでも訴えかけてくれる相棒のような分身です。

自分より凄いのは、何年経ってもずっと変わらずに情熱的に話をしてくれるところです。ずっと変わらずに…です。

本当の自分の方は意外とスグに飽きたり、疲れたり、さっさと諦めたり…するのと実に

関わったコンサルタントの方々が出版した本の数々 ※画像処理を施しています。

対照的です。その代わりとは言ってはなんですが、一つだけ分身には大きな弱点があります。それは、「質問されたら答えられない」ことです。

どれだけ分かりやすく熱心に伝えていても、訊かれたらアウト。これはっかりはどうしようもありませんので、あなたが最初に徹底的に考え、可能な限り疑問や質問がないまで昇華した文章を紡いでいくことに尽きます。

この大変さを差し引いても、自分の分身が世に数多く放たれ、昼夜を問わず多くの人に語り掛けることができる出版は、あなたの夢の実現を力強く応援してくれる、かけがえのないツールになるに違いありません。

本書冒頭でご紹介したKさん、そしてFさんのみならず、ターゲティング出版で人生を変えたコンサルタントはたくさんいます。

・「探していたコンサルタントに出会えた」と出版からクライアントを大幅に増やし1億円プレーヤーになられた不動産関係のMさん、
・これまで、自分のコンサルティングの説明が理解してもらえず苦悩していたのが、出版によって依頼が殺到、たった一年で3千万円を突破したYさん、

・セミナー講師から脱して、出版を武器にメーカー向けのコンサルティング展開を実現して、５千万円プレーヤーになったMさん、
・本を軸に研修の仕事から脱皮して、本当に報われるコンサルティング業に転換し、５千万円プレーヤーになったNさん、
・後発で参入したにも関わらず、一冊の戦略的な出版によって業界の重鎮的ポジションをとり、成長著しいコンサルタントになったSさん…

まだまだもっと多くの方々が、出版によってビジネスを変えていっています。

大切なことは、表面的な方法にまどわされることなく、コンサルタントとしての本当の出版を進めることです。今そうした熱い想いを実現させていっている人たちが、続々増えていっています。

あなたの分身が、多くの未来のクライアントに届けられることを念じてやみません。

次は、あなたの番です！

著者　五藤 万晶（ごとう かずあき）

これまで300人以上に、直接の指導実績を誇る日本屈指のコンサルティングビジネス専門のコンサルタント。

「コンサルティング」を労賃やキャラで売るのではなく、独自のコンテンツづくりと戦略を用い、「ビジネスベースで回るようにする」ことを、日本で初めて指導開始した第一人者。そのキラーコンテンツづくりと収益化の指導は、コンサルタント起業する人はもとより、士業関係者、20年以上のキャリアを持つベテランコンサルタントからも絶賛。

「コンテンツを絞り出す天才」と称され、鋭い洞察力と実績で各方面から依頼が絶えず、年収3千万はもとより、5千万、1億円プレーヤーも次々に輩出。氏が関わったコンサルタントからは、「改めて自分の強みを再認識できた」、「モヤモヤしていたノウハウを体系化できた」、「自分のウリが分かり、クライアントが倍増した！」…など、絶大な信頼を獲得している。

「経営者に役立つ、本物のコンサルタント、コンサルティングを世に広めたい」という強い信念の基、2012年、株式会社ドラゴンコンサルティングを設立。同社代表取締役社長。1969年生まれ、千葉大学法経学部卒。

小社 エベレスト出版について

「一冊の本から、世の中を変える」――当社は、鋭く専門性に富んだビジネス書を、世に発信するために設立されました。当社が発行する書籍は、非常に粗削りかもしれません。熟成度や完成度で言えばまだまだ低いかもしれません。しかし、

・リーダー層に対して「強いメッセージ性」があるもの
・著者の独自性、著者自身が生み出した特徴があること
・世の中を良く変える、考えや発想、アイデアがあること

を基本方針として掲げて、そこにこだわった出版を目指します。

あくまでも、リーダー層、経営者層にとって響く一冊。その一冊から経営が変わるかもしれない一冊。著者とリーダー層の新しい結び付けのきっかけのために、当社は全力で書籍の発行をいたします。

定価：本体1750円（税別）

依頼が絶えないコンサルタントになるターゲティング出版戦略

2020年7月26日　初版印刷
2020年8月7日　初版発行

著者　五藤万晶（ごとうかずあき）
発行人　神野啓子
発行所　株式会社　エベレスト出版
〒101-0052
東京都千代田区神田小川町1-8-3-3F
TEL　03-5771-8285
FAX　03-6869-9575
http://www.ebpc.jp

発売　株式会社　星雲社（共同出版社・流通責任出版社）
〒112-0005
東京都文京区水道1-3-30
TEL　03-3868-3275

印刷　日本印刷 株式会社　　装丁　MIKAN-DESIGN
製本　牧製本印刷 株式会社　　本文　北越紀州製紙

 ISBN 978-4-434-27850-1